Libre de Deudas
La moral de la administración del dinero

¿Cómo vivir dentro de sus medios y ser feliz

W. J. SCOTT

Ilustraciones de
ANDREW SCOTT

Traducción Española
MARIA ELENA GARCIA
ROMERO

© Todos los derechos reservados

2016 Felix Publishing
Edición versión digital 2016 (Español)
ISBN: 978-0-9945755-1-7

Edición versión digital 2015 (Español)
ISBN:978-0-9944452-6-1
Edición versión de bolsillo 2015 (Español):
ISBN:978-0-9944452-7-8
Edición versión digital 2015 (Inglés)
ISBN:978-0-9944452-2-3
Edición versión de bolsillo 2015 (Inglés):
ISBN:978-0-9944452-3-0
Primera edición e impresión en 2015 Rico Bruesch Publishing

Autor: W. J. Scott

Ilustraciones: Andrew Scott

Traducción Española: Maria Elena Garcia Romero

Registro:

Thorpe-Bowker
Level 1, 607 St Kilda Road
Melbourne, VIC 3000, Australia
Tel: +61 3 8517 8342
e-mail: bowkerlink@thorpe.com.au

Ninguna parte de esta publicación puede ser reproducida, almacenada en sistemas de recuperación o transmitida en ninguna forma o por ningún medio, electrónico, mecánico, fotocopiado, grabado o cualquier otro, sin la previa autorización escrita del editor.

© Todos los derechos reservados Felix Publishing 2016
Email: info@felixpublishing.com

Este libro está escrito para todos aquellos que alguna vez me han preguntado "¿Cómo puedo vivir cómodamente con suficiente dinero para todas mis necesidades, todo lo que quiero y estar libre de deudas?" y para todos los estudiantes y banqueros quienes han pedido que este libro sea escrito. Espero que sea bastante fácil de entender sin necesidad de tener conocimientos de finanzas, pero bastante detallado para sacarte de deudas y retomar el control sin necesidad de pagar a otros para que lo hagan por ti.

Dedico esto a mi esposo, el Dr. Peter Scott quien me animó a escribir este libro, y a nuestros dos hijos Matthew y Andrew.

Agradecimientos

Un especial agradecimiento va para mi hijo, Andrew Scott, por crear todas las adorables ilustraciones de este libro.

Dr. Rico Brüesch, Él me ayudó a completar los siguientes capítulos: Cobradores; Quiebra y Otras opciones de deudas; Divorcios; E.P.A. y G.P.A.; A.H.D.; y Seguros.

Un mínimo de 10% de las ventas de este libro serán destinadas a las siguientes instituciones de beneficencia: Médicos Sin Fronteras (Médicins Sans Frontières), World Vision, Cancer Council y Alzheimers Australia.

Contenido

Derechos de Autor	2
Dedicación	4
Agradecimientos	5
Advertencia Legal	8
Prólogo	9
Resumen	11
CAPITULO 1 Introducción	13
CAPITULO 2 Las Siete Virtudes	16
Fé	
Esperanza	
Caridad	
Justicia	
Prudencia	
Templanza	
Coraje / Fortaleza	
CAPITULO 3 Las Siete Vicios	59
Lujuria	
Gula	
Avaricia	
Pereza	
Ira	
Envidia	
Orgullo	
CAPITULO 4 Educación	81
CAPITULO 5 Banca	85
CAPITULO 6 Comprar Y Ser Dueño De Una Casa	95
CAPITULO 7 Cobradores	107
CAPITULO 8 Bankruptcy & Other Debtoptions	112
CAPITULO 9 Inversiones	122
CAPITULO 10 Comprar Cosas	132

CAPITULO 11 Teléfonos Celulares 134
CAPITULO 12 Bodas 141
CAPITULO 13 Divorcios 147
CAPITULO 14 Jubilation 153
CAPITULO 16 E.P.A. y G.P.A. 162
(Apoderado Legal y Poder Notarial General)
CAPITULO 17 A.H.D. 169
(La Directiva Anticipada de Salud)
CAPITULO 18 Seguros 172
CAPITULO 19 Juguetes 187
CAPITULO 20 Niños 190
CAPITULO 21 Presupuesto 197
CAPITULO 22 Epílogo 200
CAPITULO 23 Enlaces Útiles 202
Acerca de la Autora - W. J. Scott 226

Advertencia Legal

ESTA SECCIÓN DEBE LEERSE

Para los lectores:

Esta información es de naturaleza general y no pretende remplazar consejos financieros calificados ni asesoramiento legal basado en tu circunstancia específica. Se aconseja que busques asesoramiento financiero apropiado antes de invertir, pedir algún préstamo o comprar ese artículo nuevo reluciente sin el que no puedes vivir. Asegúrate de saber cómo se le paga al asesor y si hay que pagar comisiones más elevadas por inversiones específicas. El consejo no siempre conviene a tus intereses, pero sí a los de él o ella.

La información de este libro esta formulada con mis propias ideas y penosas experiencias financieras con agentes estatales chafas, asesores financieros de dudosa procedencia, y entrenamiento formal y estudios como asesora financiera, maestra y consejera. Espero aprendas de mis errores sin cometerlos, copiando lo que hice correctamente si es que aplica a tus circunstancias.

Prólogo

Cómo se originó este libro... Este es el acordeón...

Cada capítulo tendrá un tema con ejemplos, buenos (que SI hacer) y malos (que NO hacer). El primer párrafo será un marco teórico, así sabrás que esperar. Cada sección será explicada en detalle con ilustraciones, ejemplos y las consecuencias de seguir o no seguir las sugerencias. Este libro esta diseñado casi para cualquiera, ya sea que estés en preparatoria y apenas hayas conseguido tu primer empleo de medio tiempo o si seas una persona madura con 2 o 3 tarjetas de crédito sobregiradas. Para la mayoría de nosotros esta es una oportunidad de reevaluar que es lo que has estado haciendo bien y que pequeños cambios pudieras hacer para mejorar tu vida.

El propósito de este libro es permitirte controlar tus finanzas, y tener la confianza y libertad de conocer a un cobrador que no te esté tocando la puerta. Serás capaz de ser generoso con otros, amable contigo mismo, y cualesquiera que sean los fondos que tienes, vivir en paz y cómodamente. Si para los cuarenta ya tienes casa propia, acciones, y un par de propiedades de inversión, disfrutas de vacaciones regulares y das generosamente a instituciones de beneficencia mientras que ayudas a tu familia, será un bono extra, pero no esta garantizado. Estar libre de deudas es una realidad que puedes escoger para ti mismo y para tu familia.

Todas las sugerencias en este libro están compuestas de consejos generales para gente sin preparación formal en derecho fiscal, contabilidad, corretaje de bolsa, inversiones en bienes raíces o experiencia en creación y manejo de fondos de alto riesgo. Este libro no esta destinado para aquellos quienes cuentan con un equipo de contabilidad e inversión, o aquellos quienes tienen su propio departamento de gestión personal en su propia compañía multinacional. Este libro no está destinado para los "inversionistas maduros o al por mayor". (Preferirás mantenerte lejos de cualquier cosa que afirme ser sólo para "inversionistas maduros o al por mayor", lo que podría ser muy, muy, muy arriesgado, donde podrías perder todo.) Al final de cada capitulo encontrarás un pequeño resumen que contiene una lista de los principales puntos dentro de ese capítulo.

Resumen

Las decisiones son tuyas. Puedes decidir seguir los conceptos en este libro y vivir libre de deudas. Qué tanto te beneficies de esto dependerá de ti, tus circunstancias y las decisiones que hagas. El cómo uses este libro depende de si estás revisando, escaneando, leyendo o poniéndolo en práctica. Cada método funciona, pero usando una combinación de todos estos métodos parece funcionar mejor.

¡Tema, visión del conjunto, explicación, resumen, puntos!

¡Tus decisiones, tu estilo de vida!

CAPITULO 1

Introducción

He escogido las siete virtudes y vicios de la Biblia ya que la sabiduría es eterna. A mucha gente le es familiar la sabiduría de Salomón del libro de los Proverbios del viejo testamento, donde nos advierte de los siete pecados capitales. Estos pecados son: lujuria; gula; avaricia; pereza; ira; envidia; y orgullo. Estos siete pecados capitales son contrastados con las siete virtudes de Fé, las cuales incluyen: fé; esperanza; caridad; justicia; prudencia; templanza; y fortaleza.

En la práctica, los siete pecados capitales pueden destruir cualquier esperanza de independencia financiera. Por consiguiente, la práctica de las siete virtudes de Fé te guiará hacia una vida financieramente sana y satisfecha. *(Nótese que no dije fabulosamente adinerada y conduciendo un Ferrari... podría pasar, pero necesitarías empezar a una edad temprana.)* Algunos de los hombres y mujeres mas ricos del mundo operan con un sistema similar al que yo describo en este libro. Algunos de ellos son los mas grandes filántropos, mientras que otros no lo son. No hay garantías en tu vida, pero las decisiones que tomes determinarán tu suerte, ya sea buena o mala.

Antes de que busques de consejo de alguien que se dice profesional tratando de animarte a invertir en un negocio seguro: **RECUERDA: ¡ENTRE MAS GRANDE ES LA GANANCIA PROMETIDA, MAYOR ES EL RIESGO!** Podrías hacer mucho dinero, o lo más probable, acumular más deudas.

Cualquier cantidad de dinero que no puedas costear perder, no lo apuestes en la bolsa, ni en fondos alto riesgo, ni en máquinas de póquer, ni en apuestas de caballos, ni los inviertas en alguna granja de árboles ni tampoco lo pongas en esquemas de inversionistas maduros o al por mayor quienes prometen una atractiva ganancia del 10%. Ahondaremos más en el capítulo de Avaricia.

¡Los negocios seguros no existen!

Resumen:

Inversión significa riesgo, así que si no puedes costear la pérdida, ¡NO INVIERTAS!

Ser virtuoso y mostrar tus dones de fé, esperanza, caridad, justicia, prudencia, templanza, y fortaleza (coraje) mejoraría tu vida y tus finanzas. Sin embargo, cometiendo los pecados de lujuria, gula, avaricia, pereza, ira, envidia, y orgullo es más probable que te quedes vacío, pobre y sin amigos.

¡Importa quien eres!

¡Importa lo que haces!

¡Si no puedes costear la perdida, no lo arriesgues!

¡Los negocios seguros no existen!

CAPITULO 2

Las Siete Virtudes

FÉ

ESPERANZA

CARIDAD

JUSTICIA

PRUDENCIA

TEMPLANZA

CORAJE / FORTALEZA

FÉ

La Fé determina lo que es importante para ti y lo que valoras. La Fé en un ser Supremo, tal como Dios, o en una religión formal significa que serás guiado por dogmas de esa religión. Por ejemplo, en un mundo perfecto, un Cristiano, un Musulmán, un Judío o un Hindú, nunca mataría, robaría o mentiría. Una persona que no profesa ninguna religión pero que cree en el Karma y en la protección del ambiente, tampoco mataría, robaría o mentiría, exactamente por las mismas razones. La regla de Oro dice: *"Haz por los demás, lo que tu quisieras que hicieran por ti"*. Tu Fé es tu enfoque, y cómo interactúas con otros. En lo que crees determina quien eres.

Como yo estoy más familiarizada con la Fé Cristiana, en esta sección escribiré sobre los puntos de vista cristianos. Aquellos con credo diferente, deberán sustituir sus propias creencias donde sea apropiado.

Desde el punto de vista cristiano estás encomendado a cuidar el dinero que tienes y a no desperdiciarlo. También se te encomendó ayudar al pobre y dar para las obras de la iglesia. Por tanto, no deberías gastar tu dinero salvajemente sin considerar cuanto tienes, para asegurar tu capacidad de ayudar a otros. Me abstendré de parafrasear la Biblia, para evitar ofender a aquellos con otras creencias. Sin embargo, si quieres buscar en Google algunas de las ideas principales de esta sección será fácil ubicar los versos relevantes, ya que seré lo bastante específica para permitirte encontrarlos, pero lo bastante general para enfocarnos en los problemas financieros.

Si crees que es tu deber ayudar a los pobres, refugiados, viudas, huérfanos y a los enfermos, no puedes esperar satisfacer esas necesidades si te gastas todo tu dinero antes de recibir tu paga. Cristianos, Judíos y Musulmanes, todos están encomendados a ser buenos administradores de su dinero, lo que significa que lo deben de usar, compartir e invertir sabiamente. No significa que te quedes sin hacer nada y esperes que otros se ocupen de tu familia. Tampoco significa que debas gastarlo todo en bebida, juego y desperdiciar tu dinero. El punto intermedio de la responsabilidad social, moral y familiar es el camino a seguir.

Ninguna corriente religiosa promueve emborracharse hasta perder el conocimiento. Por lo que, si debes beber, hazlo con moderación sin ningún exceso. No consumir nada de alcohol dejará mucho efectivo libre para compensar deudas, ahorrar para una casa, o comprar un auto. ¿Qué tanto puedes disfrutar la vida si estás tan drogado que ni siquiera eres capaz de pensar racionalmente y tengas que robar o prostituirte para poder mantener esos hábitos?

No empieces a consumir drogas recreativas. No sabes si eres parte de la mayoría de aquellos que sufren los serios daños colaterales. La mayoría de las drogas recreativas requieren de tan sólo consumirlas una vez y 3 segundos para volverte adicto de por vida. Tu familia sufrirá igual o más que tú. El dinero requerido para mantener tu adicción es enorme. Los costos físicos, emocionales y sociales son simplemente demasiado altos. Por ejemplo, si adquieres antecedentes penales por drogadicción hay muchas oportunidades de trabajo que se perderían para siempre. Tales trabajos incluyen: la mayoría de los empleos de gobierno, ejecutivo de banco, taxista, oficial de seguridad, agente de bienes raíces, contador, abogado, algunos profesionistas de la construcción y maestro... La lista es casi interminable... tampoco serías capaz de viajar a países como Estados Unidos, Singapur, o países del Medio Oriente. Tendrías que sufrir toda una vida llena de consecuencias por tener antecedentes penales. Renunciar es muy difícil, lo mejor es nunca empezar.

El cigarro es considerado también una droga adictiva. Te afecta en tres niveles, físico, químico y sicológico. No empieces a fumar, o si ya lo haces... ¡DÉJALO! En Australia puedes contactar la línea Quitline en 13 78 48, o visitando el sitio *www.quitnow.gov.au*. Con el dinero que ahorres al dejar de comprar una cajetilla diaria durante dos años podrías comprar un auto nuevo. Otro beneficio es que la salud y el olor de tu cuerpo mejorarían en un parpadeo.

El propósito de este libro es ayudarte a que te ayudes. Sabrás que has logrado esto cuando tus hijos digan: "¿Ya no gastaremos nuestra herencia?" o "¿Vamos a esquiar en vacaciones otra vez? bien hecho, sigue así." Notarás que no dijeron "¿Cómo conseguiste el dinero para eso?" o "¿Cómo pagarás la hipoteca?"

¿Cómo hacerlo?

Reserva el 10% para ayudar a otros.

Si no lo necesitas, no lo compres.

No gastes lo no tienes.

Ahorra el 10% para emergencias y no lo toques a menos que te quedes sin trabajo, o para cuotas hospitalarias, etc.

Ahorra el 10% para el enganche de una casa.

Asegúrate de que la mensualidad, o renta de tu casa no rebase el 30% de tu sueldo base.

Aparta el 30% de tu sueldo base antes de realizar el presupuesto de los gastos de la casa. No lo extrañarás si no cuentas con eso desde un principio. Consume frutas, verduras y carnes de temporada, son una alternativa sana y más barata. Prepara tus propios alimentos en casa, también prepara el almuerzo y el té o café que te llevarás al trabajo. Haciendo esto reducirás tus gastos de comida a la mitad. Una persona que compra un café en Starbucks ($ 5.25) de camino a su trabajo y come diariamente comida rápida ($ 12.50), desperdicia $ 4,260 en un año en comida rápida innecesaria, asumiendo que ellos cocinen su cena después del trabajo, de otra forma el gasto sería mayor. Cereal con leche es más rápido y mejor que esos desayunos instantáneos de cartón o esos combos de café y panquecito. La cantidad que ahorrarás al dejar de comprar un desayuno instantáneo una vez por semana podría ayudar a un niño de la asociación World Vision o ayudaría a pagar la mitad de una cirugía de ojos en la Fundación Fred Hollows o ayudaría a que un médico siguiera trabajando en Médicos Sin Fronteras (Médicins Sans Frontières). Pequeños cambios hacen la gran diferencia.

    La mejor parte es que tú y tu familia se sentirán mejor siendo capaces de dar a aquellos que necesitan atención, comida y educación, o al proveer doctores en lugares donde no hay. ¡Esto beneficia a tu salud también!

Tu salud física y emocional mejorará porque usas comida fresca hecha en casa además de que éste ahorro será productivo. También ahorrarás al no necesitar faltar al trabajo por enfermedad, además de dejar de visitar al doctor tan frecuentemente. Adoro las situaciones ganar, ganar, ganar.

Fé:

¡Cuídate tú mismo!

¡Cuida a aquellos que lo necesitan!

¡Vive con tus recursos!

¡Ama al prójimo!

ESPERANZA

Justo en este momento, si estas leyendo esto es muy probable que no seas un millonario, pero si sigues las indicaciones de este libro podrías llegar a ser uno. *Sin garantías, pero ¿quién sabe?* Si ya eres millonario, deberías de haber dado ya al menos $ 100 000 como ayuda para otros. *¡Imagina eso!* asegúrate de que sabes exactamente que es lo que tienes, y que tu dinero este trabajando para ti, es lo crucial de esto.

Mucha gente endeudada se rinde ante la esperanza y empieza a gastar en cosas para tratar de sentirse mejor. Tales personas continuamente compran cosas relucientes como el más reciente iPhone, dispositivo moderno, inventito o videojuego, etc. Otros tratan de ahogar sus penas con alcohol, o tratan de recuperarse apostando en el póquer, o compran un vestido o zapatos nuevos con la tarjeta de crédito, o se comen sus penas hasta convertirse en obesos. Ninguna de estas cosas funciona, sólo empeoran la situación.

La esperanza puede ser restaurada por ti trabajando en recuperar el control de tus finanzas. Consolidando deudas sólo funciona si las pagas más rápido en lugar de hacerlas crecer.

Voy a usar la palabra con *"P"* aquí, **¡*PRESUPUESTO!***

Con una actitud de esperanza positiva puedes adoptar un enfoque realista de tus finanzas, sabiendo cuanto dinero entra, cuanto sale, y dónde.

Por semana haz una lista de cada cantidad que entra y cada que se gasta. Anota y guarda los recibos de todas esas compras "de pasadita". Ten una libreta pequeña donde anotes en qué se gasto cada centavo. Haciendo esto por sólo una semana te darás cuenta de que tan frecuentemente gastas, cuanto gastas, y cómo lo reflejarás al final de la semana. La cosa más sorprendente es que te darás cuenta de cuánto entra.

Una vez que hayas hecho esto, revisa tus cuentas bancarias, tarjetas de crédito, cargos de las tarjetas y tarjetas de tiendas departamentales. Cuánto estás pagando al operarlas. Añade todas las comisiones anuales, cargos por transacción y las tasas de interés que estas pagando. Si tienes cuentas de ahorros, asegúrate que no estas pagando comisiones por ellas. Asegúrate que estás recibiendo la mejor tasa de interés y el mejor acceso. Puedes revisar algunos comparativos de diversas cuentas en sitios como *www.infochoice.com.au/banking*. Alternativamente muchos bancos te asesorarán y te enseñarán como evitar comisiones y cargos mientras maximizan tu interés. Hacen esto con la esperanza de que permanezcas como cliente fiel. Probablemente lo serás, si ellos muestran integridad y real interés en tí. Mantenlos de tu lado, pueden ser de gran ayuda.

Sé positivo con la cantidad de dinero que produces. No importa cuan grande o cuan pequeña sea la cantidad. Lo que realmente importa es cómo vivas con la cantidad que tienes.

¡Planifica para tener éxito! Si estás en dificultades financieras, te tomará mucho tiempo y energía angustiarte, y por consiguiente te tomará más tiempo y energía remediar eso.

Trabaja lo que tengas. Trabaja lo que **NECESITES**, *no en lo que quieras*. Aparta dinero para tus necesidades y usa el resto para pagar tus deudas tan pronto como sea posible y para ahorrarlo. Sólo cuando hayas pagado todo lo que debes serás libre para darte tus gustos. Si usas la deuda (por ejemplo, el dinero de alguien más) para darte tus gustos y no puedes pagar la deuda, sería un robo. *(Las leyes de Quiebra fueron establecidas para proteger a personas desafortunadas que dejaron de poder pagar sus deudas debido a alguna circunstancia catastrófica imprevista, tal como una inundación, o un incendio que haya destruido todo lo que tenían, y no hay razón para que se conviertan en eternas esclavas de sus acreedores. Pero nunca fueron establecidas con la intención de sacar a las personas de problemas que adquirieron por su propia estupidez. Muchos países no tienen leyes de Quiebra y cuando dejas de pagar tus deudas en tales países se maneja como robo.)*

No te rindas ante la esperanza.

Negocia con aquellos a quienes les debes dinero.

Cuando adquieras una deuda, paga lo más que puedas, tan pronto como puedas. El interés te acabará.

(Los proveedores de tarjetas de crédito en Australia tienen la obligación de establecer en tu estado de cuenta, qué tanto de interés pagarías si sólo pagas la cantidad mínima. Al 24.95% de interés tu tarjeta de crédito doblaría en 2 años y 9 meses, al 19.99% de interés doblaría en 3 años y 5 meses, al 9.99% doblaría en 6 años y 11 meses.)

Si no puedes pagar la cuenta del médico pídele

tiempo para pagarle. La mayoría de la gente cooperaría felizmente. No te sientas tentado para pedir un préstamo de nómina sólo para no pasar vergüenza. Pide y te sorprenderás de cuanta gente está dispuesta a ayudar. No esperes a que la deuda exceda la fecha límite de pago para comenzar a negociar, entonces será muy tarde para obtener resultados favorables. Lo mismo aplica para los proveedores de gas, electricidad y compañías de telecomunicaciones.

NUNCA PIDAS UN PRÉSTAMO DE NÓMINA.

NUNCA PIDAS UN PRÉSTAMO DE NÓMINA.

NUNCA PIDAS UN PRÉSTAMO DE NÓMINA.

Los intereses sobre los préstamos de nómina capitalizan el 4% de interés cada mes. *(¡Eso es el 160% por año!) Además de un cobro adicional del 20% de la cantidad inicial.* Por consiguiente si pides prestado $ 100 para comprar un vestido nuevo para una fiesta, te costará al menos $ 280 dólares si pagas el primer año, esto asumiendo que pagues las mensualidades a tiempo, y no genere comisiones por pago tardío o intereses moratorios. Yo comparé cifras de los seis prestamistas más populares. Puedes echar un vistazo a la página:

www.finder.com.au/payday-loans/compare. Cuando se trate de préstamos de nómina sé muy cauteloso sobre las comisiones de inicio, usualmente el 20%, además del 4% del interés mensual.

Alguien más podría estar usando el mismo vestido o tu arruinarlo con vino y nunca usarlo otra vez. ¿Realmente lo vale?

En lugar de esto podrías disfrutar de un día de campo en el parque, realizar caminatas, o empacar una pequeña tienda para dos e ir a acampar. ¡Vive con alegría! Estas cosas cuestan muy poco. No te lamentes por lo que no tienes, sino deberías celebrar lo que tienes. Hay mucha gente en el mundo quien no tiene que ponerse, nuevo o de cualquier otro tipo. No tienen suficiente para comer, ni un lugar seguro donde vivir. Si pudiste comprar este libro, eres más afortunado que la mayoría de la población del mundo.

Vive con esperanza. Las cosas mejorarán, pero sólo si dejas de desperdiciar, apégate al presupuesto y ahorra.

Esperanza:

¡Lo que tienes!

¡Lo que necesitas!

¡Presupuesto, y apego a él!

¡Negocia términos!

¡Celebra todo lo que tengas!

CARIDAD

La caridad es también llamada Amor. Cuidar a otros como tú quisieras que te cuidaran a tí. Esto no es así, y nunca debería ser una forma de chiquear a otros. Es compartir lo que tienes en abundancia, que pudiera ser tu tiempo, talentos, bienes o dinero.

Si te apasiona dar a los demás, hay tres beneficios. En primer lugar, se siente bien ayudar a otro. Más allá, verás como alguien más se beneficia. Y finalmente, el fisco te condonará generosamente parte de tus impuestos en agradecimiento por tu filantropía. ¡Es una situación ganar, ganar, ganar!

Si te apasiona dar a una institución de beneficencia, tal como la Fundación Fred Hollows, con una pequeña aportación de $ 25 podrías ayudar a que alguien recupere la vista. *¿Qué tan bien te haría sentir eso?* Por el precio de un almuerzo individual, en un café o bistro, puedes ayudar a que alguien que no conoces recupere su libertad y su vista. Una donación similar al Fondo Mundial para la Naturaleza (World Wildlife Fund) podría salvar el precioso hábitat de alguna especie en peligro de extinción. Una donación a Lifeline podría proveer un consejero que diera esperanza y que podría salvarle la vida a alguna persona desesperada, o proveer asilo de emergencia a alguna mujer y a sus hijos al escapar de violencia doméstica.

La manera que escojas para practicar tu caridad te ayudará a mejorar tu estado de ánimo y salud. La sociedad entera se ve beneficiada cuando las instituciones de beneficencia son asistidas a través de donaciones privadas. Como resultado el gobierno a menudo identifica las donaciones dadas a esas instituciones ¡Consecuentemente, el gobierno siente que tú, el amable donador, no debería solo beneficiarse de la donación mejorando tu estado de ánimo y salud, sentirá que deberías beneficiarte también de forma financiera!

Actualmente la normatividad fiscal en Australia está formulada de tal forma que recibas una deducción de impuestos por donaciones hechas a cualquier tipo de institución de beneficencia registrada. Lo que significa es que si donas $ 100 a alguna institución de beneficencia y tu margen de impuestos sobre esos $ 100 es del 42%, entonces no tendrás que pagar ese 42% de interés sobre esa cantidad de dinero donada.

Efectivamente en este caso habrías recibido $ 42 de deducción de tus impuestos. El beneficio general de tus donaciones podría ser tan alto como el doble de la cantidad de tu donación, si hay un esquema dólar por dólar. Por Junio de cada año, los objetivos del gobierno son ciertas instituciones de beneficencia enfocadas a la salud y trabajo de educación que se realiza más allá de las fronteras, y sólo ese mes el gobierno co-contribuye con 5 dólares por cada dólar que donas a esas instituciones. Por lo que, por cada dólar que donas, esa institución recibe en total 6 dólares. Si previamente donaste a instituciones de beneficencia tales como al Uniting World Education Fund, te avisarán cuando las donaciones 5 por 1 comiencen. El gobierno hace esto para incrementar la cobertura médica más allá de las fronteras.

De acuerdo con el sitio de internet de la Oficina Australiana de Impuestos (ATO):

Para que puedas reclamar la deducción de impuestos promocional, debes de cumplir con las siguientes cuatro condiciones:

La donación debe destinarse a algún beneficiario de donaciones deducibles. Nosotros las llamamos entidades que tienen derecho recibir donaciones deducibles de impuestos "beneficiarios de donaciones deducibles" (deductible gift recipients, DGRs).

La donación deberá ser verdaderamente un obsequio. Un obsequio es una transferencia voluntaria de dinero o propiedad donde no recibas ningún beneficio o ventaja material.

La donación debe ser dinero o propiedad, incluyendo activos financieros tales como acciones.

La donación debe cumplir con cualquier condición de obsequio relevante. Para algunas DGRs, la ley de impuestos agrega condiciones extra alterando el tipo de deducible que se puede recibir.

Para donaciones en efectivo, la cantidad donada deberá ser mayor o igual a $ 2.

Si no es suficiente haber mejorado tu estado de ánimo, y eres generoso con tus donaciones, podrías ingeniártelas para colocarte dentro de un margen inferior impositivo de impuestos. ¡Así ahorrarías mucho más, por lo que te sentirías realmente mucho mejor!

¿Te diste cuenta que también puedes comprar en tiendas de estas instituciones de beneficencia? Haciendo esto muchas veces podrías conseguir diseños exclusivos por muy poco dinero. Muchos productos incluso traen colgando sus etiquetas originales. Y sobre todo, estarías dando dinero a la caridad en lugar de apoyar compañías extranjeras multinacionales. ¡Es una situación *ganar, ganar, ganar para todos!*

Caridad

¡Las donaciones mejoran tu estado de ánimo!

¡Las donaciones mejoran tu salud!

¡Las donaciones te ayudan a deducir impuestos!

¡Las donaciones directamente benefician a las instituciones de beneficencia!

¡Las donaciones también indirectamente benefician tu sentido de caridad!

¡Las compras en instituciones de beneficencia son divertidas y a buen precio!

JUSTICIA

La justicia requiere que trates a los otros justamente sin prejuicios. También implica que debieras tratarte a ti mismo justamente también. Por tanto, si eres testigo de una injusticia, debes hacer lo que puedas para corregirla. No significa que seas capaz de controlar el desenlace. Sólo puedes controlar cómo te comportas frente a otros.

En pocas palabras, *¡Sólo porque puedas, no significa que debas!*

Cuando tengas que pagar algo, significa que tienes bajo contrato que comprar o vender algo. La persona o compañía, a la que necesites pagar te ha provisto un servicio, o un préstamo en efectivo. Por lo que si recibiste el servicio en tiempo y forma acordado, debes pagar la cuenta tan pronto como sea posible. Si el préstamo fue correcto y justo tu pago debe ser oportuno y deberás pagarlo tan pronto como puedas. No significa que esperes hasta la fecha límite de pago.

Aunque podrías decidir pagar la cuenta en la fecha indicada y esperar que genere un poco de interés en tu cuenta, en lugar de devolverles el dinero inmediatamente. ***¿Sería realmente justo y equitativo?*** puede ser que cuenten con tu paga para pagar sus cuentas o a su personal, o talvez tengan problemas de flujo de efectivo. Algunas cosas podrían pasarte a ti. Podrías gastarte accidentalmente ese dinero y no poder pagarlo en la fecha indicada. La fecha indicada podría caer en fin de semana o día festivo, así que los bancos no transferirían los fondos ese día. Podrías estar ocupado y olvidarlo, o estar de viaje. El resultado sería el mismo, el pago llegaría tarde.

Hay muchas consecuencias por pagos tardíos, los cuales incluyen:

Cargos moratorios
Cargos por intereses
Una mala anotación en tu historial crediticio (lo que podría provocar que dejaran de darte préstamos y tarjetas de crédito, o provocar que te cobren una tasa de interés más alta).

Pagar pronto, tan pronto como sea posible, significa:

Descuentos por pagar a tiempo
Buen historial crediticio
Bajas tasas de interés (menos intereses al pagar préstamos)

¿Qué tal si el producto que compraste es de baja calidad, o el trabajo acordado está incompleto, y has tratado por muchas formas de negociar que el problema sea rectificado? Mantén tu papeleo en orden. Guarda un registro de llamadas telefónicas. Guarda toda la correspondencia de correo. Asegúrate poner todo por escrito y contacta al defensor del consumidor correspondiente o a la autoridad que expide las licencias de construcción. Consulte la Legislación del Consumidor Australiano (Australian Consumer Law) *www.consumerlaw.gov.au* (el cual enlista los derechos y soluciones para conflictos de los Consumidores Australianos). Te dice cómo solucionar conflictos. Al final de este libro puedes encontrar una lista con enlaces útiles sugeridos que te pueden ayudar con algún conflicto específico.

Si un artículo que compraste es de baja calidad, devuélvelo. Según la Legislación Australiana tienes derecho a que te hagan un reembolso, si el producto no sirve, si no es apto para el propósito con que se fabricó, si no es como se ha descrito, o si al comprarlo no te hubieras dado cuenta de las condiciones en que estaba. Ignora los avisos que advierten que no hay reembolso en artículos vendidos. Tales avisos son ilegales en Australia. Tienes el derecho absoluto a recibir total reembolso por bienes defectuosos, y no éstas obligado a aceptar el reembolso en tarjeta de crédito de la tienda o el remplazo a menos que así lo decidas. Siempre en tus negociaciones, asegúrate que seas cortés y respetuoso. No abuses de los vendedores, ya que no es su culpa, y no sería justo que soportaran gritos en el trabajo. Sin embargo, no tienes derecho a pedir reembolso si simplemente te arrepentiste de haber hecho la compra. Lo compraste, así que es tuyo

La justicia puede sólo pasar si los derechos de todos son respetados. Los seis principios de moral son:

- "Haz por otros lo que quisieras que hicieran por ti" - *La Regla de Oro*

- "Si una acción no es correcta para todos, no es correcta para nadie" - *Imperativo Categórico de Immanuel Kant*

- "Si una acción no puede realizarse repetidamente,

no es correcto realizarla nunca" - *Regla del cambio de Descartes*

- "Toma aquellas medidas que te lleven a alcanzar lo que tenga un valor superior o mayor" - *Principio Utilitarista*

- "Toma aquellas medidas que produzcan al menor daño o que tengan el menor costo potencial" - *Principio de Aversión al Riesgo*

- "Sin importar los bienes y servicios que hayan sido otorgados, deben ser pagados por alguien" - *Regla de No hay Almuerzo Gratis*

Justicia

¿Sólo porque puedas, significa que debas?

¿Esperas que los demás te traten justamente?

Protégete a ti mismo y a los demás. ¡Si eres testigo de una injusticia, debes hacer lo que puedas para corregirla!

PRUDENCIA

La prudencia es la llave para vivir con tus recursos. Lo que significa estar consiente de las consecuencias de tus actos, y siempre elegir aquellas acciones que te permitan vivir en armonía con tus vecinos, sin ser desperdiciado, y ahorrar para satisfacer tus necesidades futuras y presentes.

¡Es prudente obedecer la ley!

Si esperas ser protegido por la ley, que nadie te robe lo que te has ganado con trabajo duro, o que no seas atacado mientras caminas en la calle, o atropellado por un auto, entonces también hay que ser responsables y obedecer la ley.

Cuando completes tu declaración anual de impuestos, recuerda, si no lo gastaste no lo reclames. De esta manera evitarás ser multado como resultado de una auditoría.

Mantén tus perros controlados con correa en lugares públicos, para no ser un paria. También evitarás que otros salgan perjudicados. Evitarás multas o la pérdida de una amada mascota.

¡Cuando conduzcas un auto el límite de velocidad es sólo eso, el límite y no la velocidad recomendada para manejar! Vale la pena mencionar que es algo de lo que la mayoría de la gente no se da cuenta. *Si el límite de velocidad es de 60 Km/hr, entonces podrías ser multado por manejar a 60 Km/hr porque se supone no deberías manejar al límite, sino que deberías manejar por debajo del límite. De la misma manera se considerará a un conductor como alcoholizado cuando el nivel de alcohol en su sangre sea el límite permitido, porque por ley deberías manejar por debajo del límite de velocidad, o por debajo de cierto nivel de alcohol en sangre. Podrían permitir cierta tolerancia de error en la precisión del resultado de la medición, pero no cuentes con eso, como se ha visto en un reciente artículo de las noticias:*

http://www.9news.com.au/National/2015/06/02/10/52/Queensland-man-fined-for-sticking-to-speed-limit)

Así que no llores cuando te multen, pierdas tu licencia, el seguro de tu auto se incremente, o te encierren en la cárcel por dañar a terceros. Lo mismo va para los conductores ebrios, manejar bajo la influencia de drogas o medicación puede afectar tu coordinación, ir mandando mensajes, doblando indebidamente en los semáforos, no usar cinturón de seguridad, etc.

Estos son sólo algunos ejemplos pero las consecuencias son similares. Las multas te costarán dinero que podría haber sido gastado de cualquier otra forma. El encarcelamiento reduce oportunidades de empleo, viajes y puede destruir tu familia.

¡Respetar a los demás, es prudente y decente!

Si respetas a los demás tendrás su bienestar así como también tu bienestar mental en todas tus acciones. Generalmente, entre mejor trates a los demás, mejor serás tratado. Lo que significa que es más probable que adquieras y mantengas un buen trabajo, y es más probable que como resultado te sientas más feliz y saludable.

¡Sólo adquiere lo que necesites!

Si compras muchas cosas que quieres, pero que no necesitas, sólo terminarás con enormes deudas. No necesitas la más reciente computadora, sino usar gratuitamente las computadoras de la biblioteca. Si tu teléfono aún sirve, no necesitas actualizarlo. No necesitas pagar TV, o Netflix, los programas de la señal de televisión abierta son similares. No necesitas comprar almuerzos para llevar, prepárate tu propio almuerzo o cómelo en casa. Tus hijos no necesitan los juguetes más modernos, ¡necesitan tu amor y atención! Intenta intercambiar juguetes o comprar en tiendas de instituciones de beneficencia donde vendan juguetes. No necesitas ropa de marca, sólo usa algo limpio y en buen estado. Podrías querer el iPhone de este año, pero no lo necesitas. Por el costo de un iPhone nuevo (aproximadamente $ 1,200), podrías pagar el consumo de electricidad de un año. Recuerda, no puedes evitar las facturas de los servicios, pero seguramente puedes evitar la publicidad y la presión social para presumir tu juguete nuevo.

Necesitas pagar tu renta, o hipoteca, porque tienes un contrato. Si no puedes costear eso, redúcelo. Esto significa que debes vivir con tus recursos. Si usas electricidad o gas debes pagar por ello, así que no los desperdicies. No uses aire acondicionados si con un ventilador es suficiente. Apaga cualquier electrónico que no esté en uso y apaga la luz de aquellas habitaciones en las que no hay nadie. Compra sólo la comida que puedas comer antes de que caduque. De acuerdo con las estadísticas en los hogares Australianos se desperdicia hasta el 30% de la comida que se compra. *¡Qué desperdicio!*

¡Cuida todo lo que tengas!

Lava tu ropa regularmente. Los insectos adoran las migajas y tienden a dejar hoyos en tu ropa, si tienes un guardarropa horizontal de adolescente (ropa tirada por todo el suelo). Podría significar que tus jeans favoritos quedaran destruidos por una simple migaja de pizza. Si das mantenimiento a tu bici, auto y a otras posesiones te asegurarás que duren más, funcionen eficientemente, y ahorres dinero. Recuerda, el mantenimiento es considerablemente más barato que las reparaciones.

¡Cuídate a ti mismo!

Come bien, bebe mucha agua y ejercítate *(el agua embotellada es un desastre ecológico y es usualmente menos recomendable que beber agua del grifo en Australia).* Caminar es gratis, y no necesitas equipo. Nadar en la playa es gratis también. Bailar es muy divertido, así que no necesitas pagar cuotas de gimnasio. Limpiar la casa vigorosamente es uno de los mejores métodos de ejercitar todo el cuerpo, con el beneficio extra de tener una casa limpia. ¡Esto no es cuestión de género, también los hombres pueden hacerlo! Si tú eres quien lo utiliza o tú eres quien hace el desorden, tú eres quien debe limpiar. Esto hará que disminuya tu estrés y la factura por atención médica. También necesitas tiempo para relajarte y disfrutarte a ti mismo, por la misma razón.

Prudencia

Se gentil con todos, ahorra y sólo adquiere lo que necesite. Cuida tu cuerpo, alma y espíritu, comiendo bien, ejercitándote, y cuidando a los demás.

¡Obedece las leyes!

¡Respeta a los demás!

¡Adquiere sólo lo que necesites!

¡Cuida todo lo que tengas!

¡Cuídate a ti mismo!

TEMPLANZA

La templanza no significa abstinencia. Aún cuando, "Movimiento por la Templanza" critique el consumo excesivo de alcohol, o abogue por una política cero alcohol, técnicamente no es la definición correcta de templanza. El consumo excesivo de alcohol puede resultar en rupturas familiares, enfermedades, pérdida de empleo, y accidentes de tráfico con consecuencia de perder tu licencia o pasar un tiempo en la cárcel. Todos estos tendrían un impacto en tus finanzas.

Si regularmente asistes a fiestas y consumes mas de 3 bebidas alcohólicas, entonces ya estas bebiendo en exceso. Si sientes que necesitas beber para relajarte después del trabajo o para enfrentar un problema, o para convivir con tus amigos, tienes un problema con la bebida. Intenta una semana libre de alcohol, después un mes. Si no puedes lograrlo sin que tengas serios problemas, o si simplemente no puedes, necesitarás buscar ayuda.

La templanza es la moderación. Esto significa tener y hacer un poquito de todo, pero nada en exceso.

Practicar videojuegos es bueno para la coordinación manos-ojos, pero más de una hora al día no es bueno porque come tiempo en el que podrías hacer cosas importantes. Si lo haces en exceso tu familia, estudios, el mantenimiento de tu casa sufrirían, sin mencionar el daño a tu cuerpo por la radiación de la pantalla y a falta de ejercicio. Deberías imponerte restricciones y pedir ayuda a tu familia si te resulta difícil alejarte después de una hora de juego.

Pasar todo el día pegado a tu smart phone, esperando respuesta en las redes sociales y publicando fotos de tu almuerzo, en lugar de disfrutar el momento con tus amigos y familia es un comportamiento destructivo. El costo de estas redes sociales se triplica. En primer lugar, hay un costo por el uso de tu teléfono e internet, el cual muchas veces es caro cuando se trata de dispositivos móviles. Después viene el costo de perder conexión con tus familiares y amigos reales, porque no estás comunicándote con ellos mientras estás conectado al internet. Finalmente, está el costo de tu salud la cual se deteriora al dormir menos, o cuando sufres de insomnio, y la enorme cantidad de radiación a las que estas expuesto. La Organización Mundial de Salud ha enlistado los daños por la exposición a la radiación de dispositivos móviles:

www.who.int/mediacentre/factsheets/fs193/en.

Desde el 2014 a todos los proveedores de servicios móviles se les ha pedido que adviertan a sus consumidores los riesgos, de manera que no puedan ser demandados en un futuro. Intenta pasar una semana sin verificar tus cuentas de correo electrónico, Facebook, Twitter, e Instagram, y contesta las llamadas y saluda en persona a tus amigos y familiares, a menos que realmente necesites usar esos medios para tu trabajo. Ahora, si no puedes superar esto sin sentir angustia, deberías pedir ayuda a Lifeline 13 11 14 *www.lifeline.org.au* o a cualquier otro servicio de consejeros similares, hemos enlistado algunos al final del libro.

La templanza significa que proyectes control propio y no explotes cuando estés enojado. Expón tu caso de forma calmada y no recurras al abuso o a la violencia. Si los demás pierden el control simplemente aléjate y espera a que se tranquilicen.

Si tienes un conflicto con tus vecinos por la cerca, árboles, perros, fiestas, ruido de coche, basura, o cualquier otra cosa. Trata de hablar con ellos tranquilamente. Usa palabras como, *"Tenemos problemas para dormir por que hicieron fiesta afuera.*

¿Podrían por favor hacerlas dentro de su casa y bajarle a la música después de las 9 p.m.?" Si son razonables, probablemente lo hagan, están obligados. Si la rama del árbol te molesta, intenta *"Se ha fijado que la rama de su árbol esta rompiendo nuestra alcantarilla, ¿le gustaría que nosotros la podáramos a ras de la cerca? O ¿preferiría hacerlo usted?"* En cada caso deberás hablar con tu vecino tranquilamente cuando ni tú ni él tengan prisa, indicando la situación sin acusaciones, sin rudeza, sin malas palabras. Generalmente tu vecino será consiente del perjuicio de su comportamiento y lo remediará. Ocasionalmente no será posible componer las cosas así de simple, entonces será mejor buscar un mediador.

El Departamento de Justicia y Fiscalía General del Gobierno de Queensland tiene un excelente sitio de internet que te guiará para resolver estos conflictos, explicándote tu posición legal entre los derechos y responsabilidades tuyos y de tus vecinos:

www.qld.gov.au/law/housing-and-neighbours/disputes-about-fences-trees-and-buildings.

Si sólo navegar en el sitio te parece un poco desalentador, puedes leer la publicación sobre Mediadores en:

https://publications.qld.gov.au/dataset/17cb1543-c4af-495d-9412-f43f673dc79e/resource/050c6991-1e22-4933-b185-c92f770eb78a/download/neighbourhoodmediationkit.pdf

Este folleto de mediación te da una excelente orientación para manejar discusiones y la preparación para resolver conflictos. Vale la pena leerlo, aún si no tienes ningún conflicto, es una buena habilidad en relaciones interpersonales. Por ejemplo, si alguien en el súper va enojado y te golpea con el carrito accidentalmente, lo más sencillo es decir, "Lo siento" y seguir. Podrías no haber hecho nada malo, o sin darte cuenta podrías haberle obstruido su camino, pero instantáneamente calmas la situación. Usualmente la manera agresiva de manejar el carrito no tiene nada que ver con el súper, pero si mucho con cómo la persona se sentía antes de empezar a comprar. Si algo se le cae ayuda a recogerlo. De otra manera mantente lejos, y no hagas más grande la situación con acusaciones. Tranquilamente aléjate.

La ira al conducir es común. Evítala... Siempre... Por ninguna razón. No ayuda, y solo empeora la situación, lo cual podría resultar en la pérdida de una vida o en lesiones graves. Deja al menos dos segundos de distancia entre tu auto y el de enfrente. Está estipulado por ley, y el Departamento de Transporte lo especifica en su sitio de internet:

www.tmr.qld.gov.au/Safety/Driver-guide/Speeding/Stopping-distances.aspx.

Cuando algún otro conductor te cierre el paso, o se desvíe de su carril, o se pase el alto, o simplemente no haga caso de las señales de tránsito, tendrás que mantener tu distancia para evitar un accidente. Trata de no ser ofensivo si te sucede. Mantén la calma, y recuerda que estas manejando un vehículo capaz de matar a alguien.

Tampoco permitas que tus acompañantes sean ofensivos con el otro conductor. Si alguien quiere rebasarte, déjalos. Si alguien se te cierra en frente dale espacio. Si a alguien se da cuenta que se le acaba de pasar el punto donde tenía que dar vuelta, déjalo pasar. Recuerda, algún día te podría pasar a tí. Cuando manejes intenta escuchar música relajante y chúpate un caramelo. Te sorprenderás lo mejor que te hará sentir y notarás cómo no te alterarás cuando te encuentres a otros conductores agresivos. No permitas que las acciones de alguien más te pongan en peligro. Es una reacción en cadena. Ya que, si un conductor enojado altera a otro conductor, habrá dos conductores enojados, los cuales a su vez alterarán a más conductores en su camino, hasta que todos actúen agresivamente. Todo depende de que un conductor mantenga la calma y detenga esta reacción en cadena.

El consumo de drogas ilegales o recreativas, no deja lugar a la templanza. Nada de drogas es la única opción legal y segura para la salud, las finanzas y la libertad. Sé consciente de que si tomas drogas podrías resultar positivo en tus análisis, aún seis semanas después de que las consumiste. Es algo que vale la pena recordar si manejas de manera en que atraes la atención de la policía. Generalmente tienen una política de hacer la prueba de alcoholemia e intoxicación por drogas a cualquiera que conduzca de forma peligrosa. Si valoras tu licencia y tu libertad no consumas ninguna droga recreativa.

Templanza

¡Moderación!

¡Calma, mesura, autocontrol!

CORAJE / FORTALEZA

Coraje es hacer lo que debes aunque no sea fácil. Necesitas coraje para revelarte en contra de lo que está mal, especialmente si hay consecuencias al hacerlo. La perseverancia va de la mano con aquellas tareas que se necesiten completar, independientemente de que tan difícil sea. El poeta, jinete y político Australiano, Adam Lindsay Gordon, describe el coraje como:

"La vida es sobretodo espuma y burbujas,

Dos cosas permanecen firmes como roca.

La bondad ante los problemas ajenos,

Y el coraje con los propios."

Si estudias, la perseverancia es mantenerse al día con los estudios, investigaciones y cursos, aún si hay que sacrificar tu vida social. Ese es el precio de realizar un buen trabajo *(Sufrimiento a corto plazo para lograr un beneficio a largo plazo)*. El coraje es asumir trabajo académico difícil para alcanzar tus objetivos a largo plazo. Para sobrellevar todo el esfuerzo y preocupación al pensar que no seas capaz de completar algo, tu perseverancia te ayudará a salir adelante.

Cuando tengas que enfrentar alguna dificultad financiera, el coraje y la perseverancia son irremplazables. Requieres de coraje para enfrentar tus problemas financieros y empezar a trabajar en soluciones. Necesitas perseverar para hacer todas las cosas que necesites hacer para quedar libre de deuda. En primer lugar, esto implicará un presupuesto severamente restrictivo, autocontrol, y una negación temporal de la autogratificación. Será doloroso, pero valdrá la pena al final. Deberías felicitarte por cada pequeño avance. Enorgullécete de tus esfuerzos, porque pronto serás capaz de ver la luz al final del túnel. Admitir que tu problema existe es muchas veces la parte más difícil. Si, admitiendo frente a otros que requieres de un pequeño tiempo extra para pagar tus deudas es embarazoso... ¡Hazlo de cualquier forma! Pronto no necesitarás pedir más extensiones. Sólo persevera.

Consíguete un asesor mientras estés estudiando. Convive con gente que te levante el ánimo y no te desanime. Aunque también, tienes la responsabilidad de levantarle el ánimo a otra gente. Aún si la cosa esté difícil, da lo mejor de tí y no tengas miedo de pedir ayuda. La mayoría de la gente estará dispuesta a ayudarte.

Nunca caigas en la tentación de descargar o comprar tareas en línea. La humillación de ser expulsado de la Universidad por conducta deshonrosa es algo con lo que vivirás el resto de tu vida. Podrías pasar el resto de tu vida pensando *"Si tan sólo hubiera perseverado, tal vez podría haber aprobado esa materia difícil y me hubiera graduado"* El apoyo moral y la perseverancia son las dos cosas que requieres para enfrentar cualquier dificultad. *Toda mi familia celebró cuando aprobé la materia más difícil. Aún recordamos esa celebración, pero nadie recuerda las materias que aprobé con facilidad.*

Con respecto a tu salud, enfrenta esos problemas como la necesidad de empezar un programa de ejercicios, o la necesidad de perder peso, tal como el 60% de la población Australiana. Acepta el hecho que **puedes hacer algo al respecto**. Si tienes problemas de alimentación como anorexia o bulimia, o si tienes algún problema con el alcohol, o el abuso de drogas de prescripción médica o drogas ilegales. ***Puedes hacer algo al respecto***. Si tienes una adicción al internet, o a ver pornografía, o al juego, o el uso excesivo de redes sociales. Recuerda, *¡puedes hacer algo al respecto!*

Todo lo que necesitas es *coraje*, para aceptar que tienes un problema y empezar a hacer algo al respecto, y *perseverar* hasta continuar la batalla hasta retomar el control total de tu vida.

Todos esos problemas de salud afectan tus finanzas. Tendrás menos para gastar, compartir y ahorrar. Serás menos eficiente en el trabajo y requerirás más permisos para faltar al trabajo por enfermedad. ¡Lo que significa que será menos probable que te promuevan, lo que se traduce en un menor ingreso o de plano en quedarse sin trabajo! Además de todo tendrás gastos adicionales debidos a los tratamientos. Si dejas que tus problemas de salud te hagan perder el control, una muerte prematura es probable.

No es cortés hacer notar que alguien tiene sobrepeso, así que nadie te dirá si lo tienes. El peso se gana lentamente, por lo que no te darás cuenta inmediatamente de aquellos kilos de más. Algunas tiendas hacen tallas un poco más holgadas cada año. Esto significa, que si la medida de tu cintura es la misma, es posible que tu talla sea menor. ¿Porqué las tiendas hacen esto? Los clientes no comprarán una prenda aún si les queda bien, si implica comprar una talla más grande. Las tiendas necesitan concretar ventas, así que cambian las tallas. Algunos minoristas usan un grupo específico de gente para establecer sus tallas. Entonces, si está gente gana peso, el minorista ajusta las dimensiones de sus prendas con la talla correspondiente. Estos minoristas no usan una medida estándar fija con medidas específicas para sus prendas. Pregúntate, *"¿Puedo agarrar con mi mano carne de mi cintura?"* ¿Has empezado a comprar una talla de ropa más grande? Si respondiste *"SI"* a cualquiera de estas preguntas, es tiempo que visites un doctor y preguntes cómo puedes perder peso. Las dietas extremas no son una buena idea. Si te obsesiona la pérdida de peso requerirás monitoreo para perder peso. "Diabetes Australia" tiene un sitio de internet muy útil con consejos de dieta y de salud.

www.diabetesaustralia.com.au.

Hay una forma rápida para determinar si bebes mucho alcohol. Lo que necesitas hacer es preguntarte, ¿Quiero tomar este trago o necesito tomarlo? Si sientes necesidad de tomar después de un día pesado, entonces probablemente tengas un problema con la bebida. ¿Tomas diariamente? ¿Tomas hasta ponerte borracho? Para confirmar si tienes un problema con la bebida, intenta esto: Intenta ver si puedes dejar de tomar ni un solo trago durante un mes entero. Piénsalo como "un Julio seco", o cualquier otro mes del año. Si pudiste pasar el mes entero sin un solo trago, bien hecho. De otra forma es tiempo de buscar ayuda. Hay dos organizaciones que te pueden ayudar:

Alcohólicos Anónimos, para aquellos con problemas con la bebida: ***www.aa.org.au***

Al-Anon para familias de aquellos que tienen problemas con la bebida: ***www.al-anon.org/australia***

Si necesitas ayuda para enfrentar problemas de cualquier tipo, llama a Lifeline al 13 11 14 o *www.lifeline.org.au*. Si ellos no pueden ayudarte, te pondrán en contacto con la organización más conveniente. Recuerda que a ellos realmente les importas.

Si te das cuenta que estás perdiendo regularmente dinero en las apuestas, sin importar si es en la lotería, caballos, perros, apuestas deportivas, o en el póquer (máquinas traga monedas) y está afectando tu situación financiera, contacta a Jugadores Anónimos. Ellos te apoyarán, animarán y ayudarán. ***www.gansw.org.au***

Coraje

¡Enfrenta tus miedos!

¡Haz lo que se necesita!

¡Fortaleza!

¡Apégate a esto, durante todo el proceso hasta el final!

CAPITULO 3

Las Siete Vicios

Lujuria

Gula

Avaricia

Pereza

Ira

Envidia

Orgullo

LUJURIA

La atracción a tu pareja es buena. Es saludable y ayuda a mantenerlos juntos cuando la vida se vuelve un poco dura, y debes asegurarte que se mantengan juntos para poder cuidar de la siguiente generación.

Buscar en internet material sexual ofensivo de cualquier tipo está mal, porque pone una barrera entre tu pareja y tú, y devalúa su relación. Almacenar, accesar o descargar material específico sexualmente ofensivo en tu computadora puede ser ilegal, lo cual puede resultar en la pérdida de tu Tarjeta Azul (Blue Card), misma que es necesaria para muchos trabajos, voluntariados, y para ser parte de muchos grupos sociales. Puede también conducirte a enjuiciamientos, sentencias de cárcel y multas. Perder la Tarjeta Azul puede evitar que consigas trabajo en oficinas de gobierno o en escuelas. Un cargo, independientemente de si estás fichado, seguirá como resultado de todo lo anterior, excepto por el tiempo en la cárcel. También significa que te podrían negar la visa para muchos países como Estados Unidos, Singapur y la mayoría de los países del Medio Oriente.

Valora a tu pareja, no gastando tiempo mirando al rededor a ver si hay otras personas más jóvenes, más bonitas, más guapas, más adineradas, o mejor vestidas. Honrando y valorando tu vida en pareja los verás con mejor humor y los apreciarás más. Esto resultará en que ellos harán lo mismo por ti. Se confiable y respetuoso.

Siendo fiel y leal a tu esposo o esposa te ahorrarás las masivas fracturas del divorcio. También significa que tus finanzas se vuelven más fuertes porque tus activos y atención no están divididos.

Lujuria

¡Evita la pornografía!

¡No tengas aventuras!

¡Se leal en cuerpo, mente y espírit

GULA

La gula es comer demasiado, y comprar demasiada comida.

Alguna vez en nuestra vida hemos colmado nuestro plato un poco de más en un buffet. No conozco nadie que no lo haya hecho alguna vez. Eso se llama gula, cuando vemos las maravillosas opciones y se nos hace muy difícil limitar nuestras opciones. Con un poquito de todo lo que se te antoje probar completas un plato enorme. Como resultado te sentirás súper lleno, con indigestión y probablemente pases mala noche. Un abuso como este, contemplado dentro de tu dieta regular y es lo que llamas cena, resultará en obesidad.

Hay también formas sutiles de gula que se cuelan hasta ti. Por ejemplo, si compras una comida para llevar y al pagar te preguntan si quieres aumentar tu combo a uno grande o peor aún a uno súper grande por un par de centavos más, puede ser difícil decir que no. Actualmente hay una epidemia de obesidad en Australia y en muchos otros países desarrollados del mundo. Los establecimientos de comida rápida son contribuyentes importantes, pero el principal problema es la gula del consumidor y su falta de autocontrol.

Fácilmente puedes evitar esto planificando lo que vas a cocinar toda la semana y comprar sólo lo que necesitas. Intenta empacar tu almuerzo y restringe las comidas para llevar y sólo comprarlas ocasionalmente, quizás una vez por mes. El tamaño de porción también puede ser un problema al cocinar tus propias comidas. Si tus platos son grandes, no pongas comida en la sección decorada de tu plato, o aún mejor, intenta servir la cena sobre un plato de mantequilla o pastelero, si es que intentas bajar de peso.

No sólo la gula y la obesidad te cuestan dinero, también tienen un impacto negativo en tu autoestima. Tales problemas de salud incluyen: ataques cardiacos, ataques fulminantes, presión sanguínea alta, diabetes, cáncer, apnea de sueño y artritis sólo por nombrar algunas. El tratamiento de estas enfermedades es caro, incómodo y además estas enfermedades pueden limitar tu vida. Adicionalmente, también necesitarás gastar dinero en ropa con cada incremento de talla.

Gula

¡No comas o compres en exceso!

¡Planifica tus comidas!

¡La obesidad te puede matar!

¡Los tratamientos son caros y desagradables!

¡Comprar un guardarropa más grande es caro y nada halagador!

AVARICIA

No necesitas la computadora más moderna cuando puedes usar las computadoras de la biblioteca gratuitamente. Tu teléfono no necesita actualizarse si funciona bien. No necesitas tener Televisión de Paga, los programas son similares a aquellos de televisión abierta. No necesitas comprar comida para llevar, empaca tu almuerzo o cómelo en casa. Tus hijos no necesitan los juguetes o aparatos más modernos, sólo necesitan tu amor y atención. Intercambia juguetes o visita tiendas en las instituciones de beneficencia. No necesitas ropa de marca, sólo ropa limpia y en buen estado.

La mejor manera de evitar la avaricia es apagar tu televisión y no ver los comerciales. Si algo es anunciado intentarás comprarlo. Pero será algo que no necesitas. Y si en verdad lo necesitas, sólo deberías comprarlo cuando tengas el dinero para hacerlo. No deberías considerar si es el modelo más reciente, o si salió en una película o si un famoso deportista lo usa.

Por ejemplo, si tu pantalón de mezclilla está deteriorado y no hay manera de componerlo, necesitas uno nuevo. No significa que necesites una marca específica, sólo necesitas uno que te quede bien y se adecue a tus actividades. Para comprar un pantalón de mezclilla nuevo podrías gastar $ 7 en una tienda de ofertas, o más de $ 450 en una boutique refinada. Nadie *"necesita"* el más caro, aunque lo pudieran desear. Las tiendas de las instituciones de beneficencia muchas veces tienen el mismo pantalón de diseñador de $ 450 en venta la siguiente temporada en alrededor de $ 4. Sólo compra lo que necesites y nada más.

También, muestra moderación con tus *"juguetes"*. Para evitar compras compulsivas, tómate tu tiempo para pensar en el artículo. Si aún lo querrás el siguiente mes, si puedes pagarlo, si lo necesitas, y si no tienes deudas apremiantes, entonces puedes comprarlo o ahorrar para comprarlo. Cuando compres algo, paga en efectivo y negocia para conseguir un mejor precio. Una vez que lo tengas, cuídalo, y no lo remplaces tan pronto salga un nuevo modelo.

Ignora lo que ofrecen los anuncios, no necesitas remodelar los muebles de tu casa cada temporada. Sólo compra sábanas, colchas, almohadas, etc., cuando las necesites, no sólo porque quieras un estilo primaveral.

Para ahorrar dinero en las cosas que necesitas, como ropa para los hijos que están creciendo, comprar fuera de temporada hace la diferencia. Por ejemplo, al final del invierno, compra ropa de invierno para el siguiente año. Haz lo mismo para comprar ropa de verano al final de la temporada de verano. Así ahorrarás entre un 25 y un 75%, y algunas veces más.

¡Recuerda comprar sólo lo que necesitas, y si no lo necesitas, por más barato que esté no es una ganga!

Si necesitas pagar la renta, o la hipoteca, estas obligado a hacerlo por contrato. Si no puedes pagar lo que tienes es tiempo de reducir gastos. Recuerda vivir con tus recursos. Si usas electricidad o gas, estas pagando por estos servicios, así que no los desperdicies. No uses el aire acondicionado si con un ventilador es suficiente, y apaga cualquier electrónico que no esté en uso.

Avaricia

¡Lo más caro no siempre resulta ser la mejor opción después de todo!

¡No necesitas muchas televisiones o tablets!

¡No gastes lo que no tienes para comprar algo que no necesitas!

¡Paga tus deudas antes de consentirte!

PEREZA

La pereza es vil *flojera*.

Está la flojera de lograr un desempeño apenas aceptable en el trabajo más allá de un buen trabajo. Lo cual es una buena manera de perder tu autoestima y tu trabajo. Te deberías enorgullecer del trabajo que haces. Si alguien está dispuesto a pagarte por un trabajo, consideran que vale la pena hacerlo. Por lo tanto, deberías hacer ese trabajo de la mejor manera que puedas.

Está la flojera de no verificar si tu seguro, u otras cuentas regulares durante el período de renovación te ofrecen el mejor trato. A menudo las tasas de interés se incrementan, y si no te das cuenta de eso, puedes pagar más de lo que deberías.

El seguro de mi auto es un ejemplo perfecto: La prima incrementó de $ 260 a $ 450 sin ninguna explicación. Todo lo que recibí fue una notificación de renovación. Tan pronto que me di cuenta, contraté a la competencia y terminé el contrato obteniendo un mejor convenio. Luego telefonee a mi aseguradora para decirles que pude conseguir cuotas más baratas en otra parte. No es ninguna sorpresa que fácilmente igualaron el precio de la competencia para mantenerme como cliente. Me ahorré $ 190 con sólo 2 llamadas telefónicas y 30 minutos en total siendo proactiva.

Lo mismo aplica para las cuotas de los bancos de tus cuentas. Verifica si tienes las cuentas más apropiadas para tu situación (por ejemplo, sin comisiones, sin cargos y que te paguen un interés, y no al revés).

Está la flojera de no dar mantenimiento. El viejo proverbio de Una puntada a tiempo ahorra nueve, aún está vigente como siempre. Un pequeño hoyo de 1 cm en tu camisa le tomaría 5 minutos coserla a mano a la persona mas torpe. Sin embargo, si ignoras el hoyito, puede rasgarse más mientras la usas. Tu camisa dejaría de ser útil y te podría hacer pasar una situación embarazosa. Si no le cambias el aceite a tu auto, se podría descomponer pronto y podría salir más cara la reparación que remplazar el auto. Lo mismo aplica con la limpieza de tu casa. Si rentas y no limpias la casa podrías tener problemas con los dueños y te cobrarían la cuenta de los que fueran contratados para limpiarla cuando te mudes. O podrían desalojarte además de cobrarte la limpieza profesional.

Está la flojera de cocinar y no limpiar después. Comprar comida para llevar o envasada y lista para servir está bien si lo haces ocasionalmente, pero es muy costoso para tu presupuesto y para tu salud en general. Pero si no limpias te infestarás de cucarachas y bichos además de que tendrás problemas estomacales.

También está la flojera de no hacer la tarea o no prepararte o no estudiar lo suficiente para trabajar. Los resultados son obvios.

¡Fracasarás y tendrás una vida con opciones limitadas!

Pereza

¡Haz tu trabajo apropiadamente!

¡Verifica tus cuentas!

¡Haz la limpieza!

¡Prepara tus alimentos apropiadamente!

¡Estudia lo necesario y prepárate como se requiere!

IRA

La ira es la rabia desfogada y descontrolada. No hay excusas para manejar de forma agresiva ya sea en la carretera o en el súper, o practicar violencia doméstica o pública, o cualquier otro tipo de ira... ¡Simplemente no la practiques! Es ilegal, inmoral, y daña mucho tus relaciones con otras personas, tu empleo, la relación con tus clientes, y muchas veces desemboca en peores formas de violencia. La ira no debe confundirse con la defensa personal, cuando alguien te ataca físicamente, lo que es una cosa completamente diferente.

Inclusive expresar tu ira oralmente, se considera abuso verbal, puede destruir relaciones y hasta te podrían citar en la corte, lo cual pudiera ser el menor de los problemas que experimentaras. Si tu abuso verbal se intensifica a violencia, ¿Cómo te sentirías cuando te calmes y te des cuenta el daño que causaste en propiedad ajena? ¿Y si resulta en muerte o incapacidad permanente, ya sea tuya o de alguien más? ¿Podrías vivir con eso? ¿Y ellos? Ahora bien,

¿por ese espacio de estacionamiento realmente valía la pena que alguien perdiera la vida? Si alguien se te cierra al transitar en la calle, asume que no te vio, déjalo pasar y perdónalo. Probablemente le has hecho lo mismo a alguien sin darte cuenta. No exageres. No permitas que este incidente arruine tu día entero o peor aún tu vida.

Jeremy Clarkson, el afamado conductor del show Top Gear Tv de Reino Unido, a menudo deja que sus arranques de ira se lleven lo mejor de él. Le costó su trabajo bien pagado y millones de libras en contrataciones anuales perdidas.

Si alguien trata de provocarte, sólo aléjate. Si una situación te hace enojar, cuenta hasta 10... o hasta 1000 si es necesario. Ponte en la posición de la persona a la que estás apunto de gritarle. ¿Cómo se sentiría? ¿Estás absolutamente seguro de que estás en lo correcto? ¿Podrías haberte equivocado? Si estás en lo correcto, no necesitas discutir, pero si estás equivocado, no puedes darte el lujo de discutir.

Ira

Si estás en lo correcto, no necesitas discutir, si estás equivocado, no puedes darte el lujo de...

¡Manejar de forma agresiva!

¡Practicar violencia doméstica!

¡No controlar tu ira y necesitar ayuda profesional!

¡Pensar que todos están equivocados!

ENVIDIA

La envidia, al igual que la avaricia, es querer lo que no necesitas. La envidia es el deseo de querer algo sólo porque alguien más lo tiene.

iPhones, iPads, iWatches, Relojes Rolex, un Lexus, un Lamborghini, y cualquier otra marca de lujo, todas están diseñadas para incitar la envidia de la gente. La publicidad específica de tales productos te dicen que no vales nada, que no eres increíble, simplemente porque no tienes estos artículos nuevos relucientes símbolo de estatus social. Es irrelevante si los necesitas o no, o si puedes pagarlos, o si es apropiado que los uses. ¿Qué pasa si hay algo más barato, más antiguo, o completamente diferente pero que satisface mejor tus necesidades? Su publicidad te dice que no importa. Lo que les importa a ellos es que te sientas inferior a otros si no tienes su producto y que te endeudes para hacerlos más ricos.

Cuando te gusta el corte de cabello de alguien más, a eso se le llama admiración. Eso es algo bueno. Sin embargo, si sientes la necesidad de cortártelo igualito, sin importar si te queda, y sólo lo haces porque quieres ser igual de increíble y aceptada que esa persona, a eso se le llama envidia. Eso es algo malo, porque al ponerte verde de envidia no luces saludable. Cuando se trata de estilo, al copiarle fielmente la imagen a alguien más además de que será caro, provocarás que los demás se burlen de ti en lugar de admirarte por la maravillosa persona que eres.

"Lo que hace el mono, hace la mona"... es un término popular para la envidia. Lo triste de esto es que la gente a la que tratas de impresionar no se da cuenta, no le importa, ellos mismos se vuelven envidiosos, o se ríen de cómo intentas mejorar tu estatus social. Así que todo ese esfuerzo y gasto que hiciste fue en vano.

Aprende a apreciar o admirar el estilo de otros y ser feliz por ellos. Este es el camino para lograr la felicidad. Sólo tú algún día podrás ser un perfecto "tú". Si intentas ser alguien más sólo conseguirás ser la sombra de la persona que intentas copiar.

Envidia

Sé una persona auténtica, ¡Sé tú mismo!

¡Haz cumplidos, pero no copies!

ORGULLO

"El orgullo precede a una caída", a menudo se cita equivocadamente como del Libro de los Proverbios, en la Biblia. Nos indica que si te enfocas en tí mismo, como centro del universo, es muy probable que te tropieces con lo mundano.

Enorgullécete de tu trabajo. Hazlo bien, pero haz caso de los consejos y ábrete a las sugerencias para mejorar. Evalúa los consejos que recibes, y si sientes que podría funcionar para tí, inténtalos. Date cuenta que *no* dije, *"Haz todo lo que los demás te sugieran"*, especialmente si tienen menos conocimientos de tu situación. Sin embargo, si el jefe te sugiere firmemente que hagas algo de cierta manera y ves algún peligro al hacerlo de esa manera, señala tu preocupación. Si aún insiste que a su manera es la mejor opción, hazlo a su manera y responsabilízalo de las consecuencias. Asegúrate que lo ponga por escrito primero. Obviamente, no lo hagas a su manera si no cumple con las reglas de seguridad o si es ilegal. Si es así pon por escrito las razones por las que desobedeces sus instrucciones. No permitas que tu orgullo te detenga para intentar hacer las cosas a su manera. Nunca sabes, podría ser la mejor opción y quizás pudieras aprender una habilidad nueva.

Tampoco permitas que tu orgullo se interponga en tu camino cuando tengas que pedir disculpas. Esta es una forma segura de destruir una relación. Si sientes que te equivocaste aunque sea un poco, discúlpate. Repara cualquier daño que hayas causado. No esperes que te perdonen a menos que intentes corregir el mal causado

.
El orgullo usualmente impide que escuches los consejos y calificados de otros. Pierde el orgullo y comienza a aprender. Siempre recuerda evaluar los consejos según quien te los da, su experiencia, conocimiento y si lo hacen con buena intención. ***Nunca, nunca aceptes consejo y los sigas ciegamente***, y esperes que los demás se responsabilicen de tus decisiones. Eres la única persona responsable de tus actos, o falta de estas. Espero que evalúes todo en este libro, no todo será relevante para ti, y decide que funcionará para tí. Sólo

porque algo esta escrito o en internet no significa que sea necesariamente correcto.

Orgullo

¡Enorgullécete de tu trabajo!

¡Supera el orgullo para poder escuchar!

¡Supera el orgullo para disculparte!

¡Evalúa todos los consejos!

CAPITULO 4

Educación

Enfócate en lo que necesitas saber para estar calificado para lo que quieres hacer. Si sólo asistes a la universidad para conseguir un título porque la mayoría de los trabajos en estos días lo requieren, *¡DETENTE!* Acude y habla con un familiar de confianza que te conozca bien. Habla con tus viejos amigos. Finalmente, acude al servicio de orientación sobre la oferta educativa de tu universidad. No estudies nada más por estudiar. Si no tienes dirección no sabrás adonde quieres estar. Plantéate un camino con tu carrera preferida, las alternativas que más te interesan y donde te gustaría trabajar. Averigua los pre-requisitos para cada opción. Estudia las materias requeridas para conseguir el perfil apropiado, y cualquier materia extra complementaria que te encante y en las que pudieras ser exitoso. Quién sabe, podrían abrirte el panorama de tu futura carrera hacia otras direcciones.

Ningún aprendizaje se desperdicia. Nunca sabes cuando podrá ser útil. *¡Enfócate en lo que necesitas saber primero!* Prepárate para sostenerte a ti y a tu familia y luego aprende aquello que te interese

Consíguete un trabajo de medio tiempo para pagar tus colegiaturas por adelantado. Así ahorrarás al menos un 25% de interés, y en algunos colegios privados pueden ofrecerte un descuento hasta del 50% en las colegiaturas. Tu trabajo de medio tiempo puede ayudarte incluso a conseguir el trabajo que quieres. Por ejemplo, si estás estudiando medicina veterinaria, puedes trabajar en la clínica veterinaria local limpiando jaulas de animales, etc., se te facilitará conseguir un lugar para realizar las prácticas profesionales. Podrías cobrar como veterinario profesional antes de completar el último semestre de la carrera. Cualquier área ayuda también, como hacer el aseo de una oficina. La última vez que revisé, un afanador nocturno de oficina ganaba más que un maestro de tiempo completo. Con esa cantidad de dinero podrías pagar tu educación y tener lo suficiente para dar el enganche de una casa antes de graduarte.

Revisa si los libros del último semestre son los mismos que pidieron este año. Si lo son intenta comprárselos a otros estudiantes. Después podrás venderlos otra vez para recuperar el costo cuando ya no los necesites. Usa tu credencial de estudiante en todos aquellos lugares que dan descuentos. Busca en internet boletos para de obras de teatro, ópera, ballet y orquestas por los que pagarás alrededor de $ 25 mientras que los de los asientos a tus costados pagaron cientos de dólares para ver el mismo evento. La educación cultural es tan importante como la académica. Visita las bibliotecas públicas, galerías de arte y museos, la mayoría son gratis, así como los parques y la mayoría de los parques nacionales en Australia.

Sé el empleado mejor calificado en tu trabajo. Ningún trabajo es 100% seguro. Aún el Papa anterior se retiró antes de morir en el trabajo. Si tomas ventaja de cada oportunidad educativa que se te presenta, y mantienes actualizadas tus habilidades, demostrarás que cuidas de tu trabajo y no será fácil que te reemplacen por alguien quien está más calificado. Podrías cubrir más perfiles y tener más experiencia.

Aprende de más para ser considerado en futuros ascensos. Si aspiras a ser mejor o a cambiar lo que estás haciendo, debes planificar a futuro y prepararte. La capacitación que mejora tus conocimientos sobre tu trabajo actual, son deducibles de impuestos. Pregúntales a los demás en tu oficina, negocio, o lugar de trabajo qué implica su trabajo. Es importante saber quien te puede dar información cuando la necesitas. Prepárate antes de pensar en cambiar de trabajo. *No dejes un trabajo a menos que ya tengas uno nuevo, a menos que tu salud física o mental esté en riesgo en tu empleo actual.*

Puedes aprender nuevas habilidades u oficios sólo porque puedes. Te hace sentir bien y retrasa la aparición de demencia. Los oficios y habilidades te relajan mientras produces algo con valor artístico o práctico. Disfrútalos. Aprende junto a otras personas y forma un nuevo grupo de amigos.

Educación

¡Enfócate en lo que necesitas!

¡Ningún aprendizaje se desperdicia!

¡Adelantar las colegiaturas de tu educación es grandioso!

¡Ahorra en los libros de texto!

¡Sé el mejor calificado en tu trabajo!

¡Prepárate para futuros ascensos!

¡Aprende oficios o habilidades por diversión!

CAPITULO 5

Banca

Hazte amigo del gerente de tu banco. El gerente de tu banco debe conocer las mejores promociones y tasas de intereses. Cuando solicites un préstamo, y seas cliente fiel, eso es lo que cuenta. Cuando te encuentres en dificultades, necesitarás buenos consejos. Date vueltas por los diferentes bancos y escoge aquél que se adapte mejor a ti. Los bancos más grandes en Australia pueden no ser los mejores para ti. Con tantos clientes se olvidan de atenderte de manera personalizada. Generalmente nunca tienen las tasas de interés más bajas. He tenido cuentas con estos cuatro grandes bancos por años. Muchos tienen personal excelente pero las cuentas que ofrecen ya no se adaptan a mis necesidades. Me encanta la atención personalizada de los pequeños bancos que conocen quien soy y tienen buenas opciones de cuentas y servicios. Averigua qué banco te conviene más. No permitas que tu flojera te cueste dinero.

Asesórate con el personal del banco sobre que cuenta se adapta mejor a ti. Tal vez siempre tuviste un estilo particular de cuenta, pero quizás haya otros estilos que se adapten mejor a tus necesidades. Podrías pagar comisiones por utilizar cajeros automáticos de otros bancos, o para tu sorpresa y horror, también podrías estar pagando por cualquier transacción en los cajeros automáticos de tu propio banco, y por cualquier transacción que realices en ventanilla. Así que habla con el personal para encontrar la mejor cuenta para tu situación específica.

Escoge aquellas cuentas donde no te cobren comisiones, no te cobren cargos por manejo de cuenta y sin comisiones por usar los cajeros automáticos. Asegúrate que estés ganando intereses por tus ahorros, mientras más interés, mejor. También asegúrate que no te cobren por atenderte en ventanilla. Necesitas hacerles estas preguntas. Los cargos y comisiones están enlistados en el Contrato que te dan al abrir la cuenta. Asegúrate de leerlo y preguntar si tienen alternativas para que no te cobren esas comisiones o si tienen diferentes términos o condiciones. Si no preguntas, no puedes esperar conseguir un mejor trato.

Deberías tener una tarjeta de crédito, para que tengas un historial crediticio a futuro cuando necesites un préstamo hipotecario. Asegúrate que por la tarjeta de crédito no pagues anualidad, y que te ofrezcan 50 días libres de interés. Si tienes buen historial crediticio, consigue una tarjeta de crédito que incluya seguro de viajero gratis por si piensas realizar cualquier viaje.

Puedes comparar las tarjetas de crédito de Australia en los siguientes sitios de Internet:

www.creditcardfinder.com.au
www.creditcard4u.com.au
www.creditcards.com.au/compare

Cuando elijas una tarjeta de crédito haz tu tarea, visita los sitios de Internet de cada banco. Algunas de las mejores tarjetas de crédito no están enlistadas en los sitios de Internet donde se comparan, ya que estos sitios no reciben comisiones por esas tarjetas de crédito. He decidido incluir arriba tres sitios de Internet con comparativos, porque muestran algunas opciones excelentes, aunque no contienen todas los tipos de tarjetas disponibles. Por ejemplo, aunque el banco Australia's Bankwest durante tres años consecutivos ganó por el premio de la mejor tarjeta de crédito, sin embargo, los sitios de Internet citados no incluyeron esas tarjetas de crédito del banco Bankwest ni tampoco las tarjetas de crédito del Heritage Bank ni muchas de otros pequeños bancos. Obviamente estos bancos y sociedades de préstamos hipotecarios mantienen sus tasas interés bajas para no pagar comisiones y que las incluyan en tales comparativos. ***Recuerda, No hay almuerzo gratis, siempre alguien tiene que pagar.***

¡Cuidado! Nunca compres con tu tarjeta de crédito nada que no puedas pagar antes que expire el período y te empiecen a cobrar intereses. Los intereses aplican no sólo sobre los productos que irás pagando gradualmente, sino que no podrás realizar otras compras a meses sin intereses, ya que este beneficio se recupera hasta que la compra anterior esté finiquitada. La mejor manera de mantener el control sobre tu tarjeta de crédito es pagando *saldo completo* de tu tarjeta cada mes. De otra forma, te volverás esclavo de tu tarjeta de crédito puesto que esta controla tu vida. Es fácil no darse cuenta de lo que se gasta, así que lo mejor es no usar tu tarjeta de crédito todo el tiempo.

Las tarjetas que otorgan puntos cada vez que las usas, usualmente tienen anualidades muy caras. Si tienes una de estas, asegúrate de hacer efectivos en dinero los puntos que ganes. Como regla principal, necesitarías gastar más de $ 2,000 con la tarjeta para mantener tus beneficios de lealtad y pagar como cuota anual sólo $ 99. Si no puedes pagar esa cantidad, o no tienes que gastar, o ni siquiera gastas esa cantidad al mes, deberías tener una tarjeta libre de anualidad sin ningún tipo de recompensas. Los bancos son negocios, necesitan obtener un beneficio, así que si te dan recompensas, encontrarán la manera de que se las pagues. Recuerda, *No hay almuerzo gratis, alguien tiene que pagarlo.* Si intentas viajar, asegúrate de recibir una tarjeta con seguro de viajero incluido, que incluso puede ser mejor que cualquier seguro de viajero que compres de manera particular.

¡Las tarjetas de crédito y Pre-pago son excelentes! Tienen todas las ventajas al comprar cosas, pero usando tu propio dinero. Con la esperanza de que recibas intereses siempre y cuando esté disponible en tu cuenta de débito. La mejor ventaja de usar la tarjeta de débito es que no gastarás si no tienes suficiente dinero en tu cuenta. Sé cuidadoso, porque algunos bancos te permitirán retirar más de lo que tienes en tu cuenta cobrándote una fuerte comisión por hacerlo. Verifica en tu banco primero para confirmar si lo hacen o no. Las tarjetas de Visa y MasterCard son las mejores porque son ampliamente aceptadas y las comisiones por compras al menudeo son las más bajas. American Express y Diners Club International tienen algunas maravillosas recompensas pero también tienen las cuotas anuales más elevadas y cobran las tasas mercantiles más elevadas a minoristas. Por consiguiente, estas tarjetas de crédito no son ampliamente aceptadas. Recuerda si recibes algo gratis, encontrarán alguien que se los pague. Usualmente terminarás siendo tú.

Banca

¡Hazte amigo del gerente!

¡Asesórate de las mejores cuentas para ti!

¡Consigue cuentas en las que no te cobren comisiones, ni cargos por manejo de cuenta, ni cargo por uso de cajeros automáticos!

¡Asegúrate que estés recibiendo intereses por tus ahorros!

¡Consigue una tarjeta de crédito, para que tengas historial crediticio!

¡Nunca compres con la tarjeta de crédito nada que no puedas antes que expire el período libre de intereses!

¡Las tarjetas que otorgan puntos cuando pagas cobran mucho de anualidad!

¡Las tarjetas de débito y pre-pago son excelentes!

TÉRMINOS BANCARIOS – ¡APRENDETELOS!

Contrato de prestación de servicios (Product disclosure statement, PDS). Las horrorosamente aburridas nociones generales de todos los términos utilizados, todas las comisiones, cargos, intereses, condiciones. Usualmente es largo y en letras chiquitas. ***¡Léelas!*** *Léelas cuidadosamente y pide que un ejecutivo de tu banco te las explique y escriba la explicación en la parte trasera de la hoja antes de que firmes nada. Siempre consigue un PDS cuando contrates alguna cuenta, cuando preguntes sobre una tarjeta de crédito o cuando solicites cualquier préstamo. Si después que haberlo leído necesitas que algo sea modificado para que estés contento, háblalo con un ejecutivo de tu banco. Tienes un período sin penalización para que reflexiones sobre el contrato, averigua cual es y úsalo si necesitas romper el acuerdo. No seas flojo <u>debes leerlo y entenderlo</u>.*

Interés simple: Si pides prestado $ 100 al 10% anual de interés simple, tendrás que pagar $ 110 al término de 12 meses. Si pagas antes aún tendrás que pagar $ 110. Si el interés que estás recibiendo es interés simple. Consigue que sea abonado en la misma cuenta así conseguirás el interés compuesto.

Interés compuesto: Si pides prestado $ 1,000 al 10% anual con interés compuesto, pagable al término del período. El primer año deberás $ 1,100, el año 2 deberás $ 1,210, año 3 $ 1,331, año 4 $ 1,464.10. Compara esto con un caso si fuera interés simple, 4 años al 10% anual el total de tus intereses serían $ 400 más la cantidad principal de $ 1,000 sería un total de $ 1,400. (Las tarjetas de crédito y los préstamos generalmente cobran siempre un interés compuesto.)

Interés fijo: es cuando el interés permanece igual al término del préstamo o término del plazo de depósito, independientemente de los cambios del mercado de la tasa de interés.

Interés variable: Cambios sin previo aviso, aunque te notificarán que sucederá en tu estado de cuenta o de préstamo.

Préstamos personales: Usados con un propósito especial como un coche o una computadora. Es usualmente sin garantía, lo que significa que si el artículo que compraste no es embargado si no pagas las mensualidades. Perderás tu historial crediticio y pueden retener el pago de otra cuenta para pagarlo. Pueden forzarte a vender cualquier otra posesión y rematarla en una subasta, para recuperar la cantidad debida del préstamo o la tarjeta de crédito sin garantía. Lee las letras chiquitas del PDS.

Préstamo personal asegurado: El banco es dueño del artículo que compraste hasta que completes todas las mensualidades. No puedes venderlo (auto, etc.) sin permiso del banco hasta que la deuda esté pagada en su totalidad. Usualmente añaden términos y condiciones extra así como el tipo de seguro y algunas veces el asegurador.

Hipoteca (en antiguo francés mort gage, deuda hasta la muerte): Es usada para comprar una casa. El banco es dueño del inmueble hasta que se completan todos los pagos. Después de eso, necesitarás pagar la liberación de la hipoteca, (la vez que pagué fueron $110). A los bancos les gusta demorar la liberación de la hipoteca ofreciéndote que ahorrarás dinero y tiempo si pides otro préstamo. Eso puede ser lo mejor del caso si quieres usar esa hipoteca otra vez para invertir en otras casas. Sin embargo, se hace más difícil buscar un mejor trato en otros lugares. ¡Adoro que un pedazo de papel diga que mi casa me pertenece! ¡También adoro ser capaz de comprar por ahí al mejor precio!

Préstamo de inversión: Pedir dinero prestado para comprar un negocio, invertirlo en acciones y participaciones, o comprar una propiedad de inversión. Las tasas de interés son usualmente más elevadas que *por una hipoteca de la casa en que vives. La idea es que pidas prestado para hacer dinero. Funciona si haces dinero, pero si la inversión pierde dinero perderás más aún necesitarás pagar la deuda sin ningún ingreso. El beneficio es que el interés, comisiones y cargos son deducibles de impuestos a diferencia de los ingresos que te dejan tus inversiones.*

Préstamos de margen: Son los préstamos más riesgosos. El banco te presta dinero para comprar acciones y similares. Acuerdan prestarte el 50% del valor en el mercado. Esto está bien si las acciones suben de valor y puedes venderlas para recuperar tu ganancia y pagar tu deuda. Sin embargo, si el valor de las acciones baja y la cantidad que pediste prestada es ahora del 80% del valor del mercado tendrás una "Alerta de margen".

Alerta de margen: Significa que tienes sólo 3 días para pagarle la diferencia a tu prestamista para poner el préstamo al 50% (lo que podría implicar que tengas que vender otras acciones o participaciones que tengas para recuperar el dinero requerido), o el prestamista venderá todas tus participaciones de otros préstamos de margen para cubrir la deuda. Significa vender de urgencia sin saber si bajarán más o permanecerán en la misma posición. Puede significar pérdidas masivas. Si la venta de participaciones de tus préstamos de margen no cubre la deuda, aún deberás dinero al prestamista el cual necesitará ser pagado inmediatamente. Si necesitas leer esto para aprender sobre inversión mejor no pidas ningún préstamo de margen. Mientras que es deducible de impuesto, es probable que después de haber recibido una alerta de margen tengas pérdidas en lugar de beneficios en ese año.

CAPITULO 6

Comprar Y Ser Dueño De Una Casa

Aparta al menos el 10%, o de preferiblemente el 20%, de tu sueldo para ahorrarlo para el enganche de una casa. Si estás casado deberías apartar también del sueldo de tu esposa hasta que acumulen un 20% del valor de una casa. Esto te ahorrará el 1.8% del seguro y también conseguirás una mejor tasa de interés. Aparte de ahorrar para el enganche más rápido, apartando una parte del sueldo de tu esposa, si uno de ustedes pierde el trabajo estarán acostumbrados a vivir con solo un sueldo. Es bueno de alguna forma para el presupuesto cuando sea la incapacidad por maternidad. Podrás pagar más rápido tu hipoteca usando ese segundo sueldo para ahorrar y/o para vacaciones y gastos de educación.

¿Qué es el Seguro de Protección de la hipoteca? Es una póliza que pagas al banco por si alguna vez no pagas a tiempo la mensualidad de la hipoteca. Pagas al banco una prima de 2.083% (verificado el 16/07/2015), lo cual es $ 6,250 por un préstamo hipotecario promedio de $ 300,000. Si fallas al pagar tu mensualidad de la hipoteca, porque te lesionaste o porque perdiste tu trabajo, etc. el banco paga por ti. Su asegurador entonces vende esa casa rápidamente en una subasta sin un precio fijo por lo que puedan recuperar ese día. Típicamente en el valor de la casa, los prestamistas generalmente piden que contrates el seguro de hipoteca.

Examinemos dos escenarios donde el asegurador vende tu casa:

Escenario 1: Su subasta para vender tu casa cubre la deuda de la hipoteca y el seguro:

Compras tu casa por $ 200,000 y a través de los años, te las arreglaste para pagar el préstamo de tu casa, pero aún le debes al banco $ 100,000. Asumiendo que tu casa ha incrementado de valor con los años y la compañía aseguradora es capaz de vender tu casa en la subasta por $ 210,000. De esta venta, la compañía aseguradora deducirá su subasta, publicidad, impuestos y comisiones legales. Bien pudieran ser de $ 40,000 a $ 50,000. Podrían deducir también la cantidad que aún queda pendiente de tu hipoteca además de cualquier multa especificada en tu contrato hipotecario. Todo esto podría aumentar a $ 180,000. Cuando deduces esto de la venta del precio de la subasta de $ 210,000, el remanente es de sólo $ 30,000, que te será pagado a ti. A pesar de haber pagado $ 200,000 más intereses en todos esos años de tu préstamo hipotecario, con todo lo que terminas con es de $ 30,000 y una mala calificación crediticia. Ahora vas a tener que encontrar una casa en renta, lo que no será fácil con una mala calificación crediticia, según el estado australiano en que vivas.

Escenario 2: Su subasta de tu casa no cubre la hipoteca o la deuda del seguro.

Compraste tu casa por $ 200,000 pero no tienes para pagar el préstamo de tu casa y aún le debes al banco $ 200,000 en el tiempo en que fallaste, la situación es peor. Asumiendo que tu casa ha incrementado de valor durante estos años y la compañía aseguradora fue capaz de vender tu casa en una subasta por $ 210,000. De la cantidad de esta venta, la compañía aseguradora deducirá su subasta, publicidad, impuestos y comisiones legales. Que bien pudieran ser de $ 40,000 a $ 50,000. También deducirían la cantidad que aún queda pendiente de tu hipoteca además de cualquier multa especificada en tu contrato hipotecario. El banco recibe su dinero de la compañía aseguradora. Sin embargo, ahora le deberías a la compañía aseguradora $ 80,000, por lo que tendrás que seguir pagando a tasas de interés sin garantía las cuales son más elevadas que la tasa de interés del préstamo hipotecario original, y todavía tienes que encontrar una casa en renta, que no va a ser fácil con una mala calificación crediticia, según el estado australiano en que vivas.

Es posible que desees considerar la obtención de un seguro de protección de ingresos en caso de que no puedas trabajar o pierdas tu trabajo, por lo que aún puedes prolongar el uso de tu hipoteca. *Para más información sobre protección de los ingresos lee el capítulo sobre Seguros.*

En el siglo pasado, la gente solía ahorrar antes de comprar una casa, y usualmente compraba una sencilla y que pudiera pagar. Entonces pagaban su hipoteca rápidamente. Como sus finanzas mejoraban y sus familias crecían en número, vendían su casa sencilla y compraban una más grande. Por desgracia, los jóvenes que compran casas en estos días parecen querer comprar el tipo de casa que sus padres terminaron en cuando se retiraron, no el tipo básico con la que sus padres comenzaron cuando eran jóvenes. Esto significa que la generación joven de hoy en día tiende a excederse cuando se endeuda. Su actitud no sólo termina con la compra de una gran y preciosa *'McMansion'*, no se conforma con cualquier mueble viejo para su nueva casa, insisten en que debe ser la nueva tendencia y la más moderna para que se la puedan mostrar a todos sus amigos. Este es un doloroso error que les causará un enorme estrés y poca alegría y enfrentarán una hipoteca casi insufrible, así como las deudas de las mueblerías y aquellas deudas de las tarjetas de crédito.

No necesitas una sala y muebles nuevos. Las tiendas de las instituciones de caridad y familiares que quieren reducir de tamaño sus cosas tienen cosas geniales para regalar. Considera esto... Cuando comienzas a tener hijos, ellos no vienen *'entrenados especialmente para la casa'*. Tendrán manos sucias, te darán besos de chocolate, y en algún momento probablemente vomitarán sobre su preciosa sala blanca. Podrías tener una mascota que hará toda clase de travesuras a tus adorables muebles mientras que adquieren su entrenamiento dentro de la casa. *¡Se* *realista!* Realmente un bonito mobiliario se compra cuando los niños y las mascotas son lo suficientemente mayores como para respetarlo. Para entonces ya debes haber pagado la mayor parte de tu hipoteca haber apartado un poquito para lujos. Quién sabe, pero podrías haber conseguido esa preciosa y fina sala de la tía Lucy por entonces y no querer una sala nueva.

Para que tu casa conserve su valor, asegúrate de mantenerte al día con el mantenimiento y las reparaciones. *"Una puntada a tiempo ahorra nueve"*, sin duda es cierto. Grifos que gotean te cuestan más agua y dañan la superficie del baño o del lavabo. Los desagües que gotean pudren la madera que los sujeta. La pintura descascarada permite que la superficie debajo se degrade. Piensa en los bonitos recuerdos que te dejaron cuando entre todos pintaron y decoraron un dormitorio. Cuesta sólo una pequeña fracción que al contratar un decorador. También será algo de qué enorgullecerse por años. A tus hijos, si es que son lo suficientemente mayores, les encantará a unirse y ayudar. *¡Eso es entretenimiento, unión, y mantenimiento, todo en uno!*

Realiza el pago de tus préstamos semanalmente, o en el peor de los casos, cada quincena si es que te pagan quincenalmente. Haciendo esto reducirás años de sus pagos y cargos de intereses. Puedes pagar tus mensualidades automáticamente de dos formas, utilizando la banca en línea de tus bancos, y pagando el doble de la mensualidad indicada. Es simple aritmética, porque hay 26 quincenas en un año, no 24. Hay sólo 12 meses en un año según el *"Calendario Juliano"*. Sin embargo, hay 13 meses, cuatro semanas en el año según el *"Calendario Lunar"*. ¿Quién habría pensado en todos esos días de sobra cada mes en el Calendario Juliano si se juntan forman cuatro semanas extras cada año? Al hacer 26 pagos quincenales terminas realizando un pago mensual adicional a tu préstamo hipotecario. Haga que el gerente de tu banco calcule las cifras en su computadora para mostrarte cuántos años acortas tu préstamo hipotecario, y la cantidad de dinero que te ahorrarás. *¡Es muy divertido!*

Utiliza todos los reembolsos de impuestos, y cualquier tiempo extra que ganas para pagar directamente tu préstamo hipotecario. Esta es una muy buena idea, ya que el interés de tu préstamo hipotecario es mucho mayor que cualquier interés que pudieras ganar en una cuenta de depósito a plazo o de ahorro. Porque se paga sobre y por encima de lo que se te requiere, se abona directamente al capital del préstamo, por lo que habrá menos intereses por pagar en tu préstamo hipotecario a futuro. Es otra situación ganar, ganar. Inicialmente, cuando empiezas a pagar un nuevo préstamo hipotecario, la mayor parte de sus pagos sólo se abonan al interés, y sólo una pequeñísima parte se abona a capital. Sin embargo, conforme pasa el tiempo y vas pagando tu préstamo, una mayor proporción se destina a reducir el capital y en menor medida a los intereses. Esa es la magia del interés compuesto. Hacer pagos adicionales acelera esto. Los intereses de tu préstamo hipotecario se calculan diariamente, por lo que entre más rápido pagues el capital, es mejor.

Conoce a tus vecinos. Esta es la mejor manera de disfrutar y mantenerte a salvo. Tus vecinos pueden cuidar tu casa mientras estás fuera y viceversa. Cuando tengas fruta extra puedes compartirla con ellos. Probablemente harán lo mismo, pero incluso si no lo hacen aún es buena idea. Si mantienes una amistad respetuosa con ellos, los problemas no se saldrán de control. ¡Este es el mejor seguro para tu salud y felicidad, y también mantendrá tu casa segura!

Negocia una hipoteca sin comisiones ni cargos directamente con los bancos después de la verificar todos los sitios de Internet primero. Asegúrate de que puedes conseguir un préstamo hipotecario, sin comisiones mensuales, sin comisiones al comenzar el préstamo y sin sanciones, por pagos anticipados. Una vez que hayas encontrado los mejores términos y condiciones, consigue que te las envíen vía correo electrónico y llévalas al banco que prefieras. El banco con el servicio y la gente de tu confianza. Entonces discute lo que pueden hacer por ti, que incluya todos esos términos o talvez algo mejor. Confía en mí, pueden y serán razonables. Porque tendrás que pagar $ 18,000 de intereses, al 6% de interés anual sobre una hipoteca de $ 300,000, en el primer año, ellos desearán más tu dinero que lo que los tú quieres su préstamo. *Recuerda que les estás haciendo un favor trayendo tu negocio a su banco, no a la inversa.*

Si no te sientes lo suficientemente confiado para hacer esto tú solo, dile a tus padres que te representen. Si ellos son propietarios de su propia casa, su banco debería ser complaciente. Tus padres te darán su apoyo moral.

También tu banco suele apoyar más a aquellos clientes con un capital neto mayor. Siendo realistas, los bancos quieren conservar a sus clientes, incluidos tus padres. Ayudar a sus hijos es un gusto para la mayoría de los padres. Probablemente se sentirán honrados que les pidas ayuda a ellos. Cuando visites al gerente de tu banco, tus padres pueden escuchar, nunca sobran un par de oídos extra, y talvez tomen nota y te expliquen lo que está pasando. Sé cuidadoso, cuando todos los detalles sean negociados, puede ser un poco difícil para ti estar en todo. Si estás inseguro de algo, siempre pregunta, y después vuelve a preguntar, hasta que estés absolutamente seguro. No te precipites, siempre habrá una casa perfecta por delante.

Nunca uses un agente hipotecario. Tendrás que pagar comisiones de inicio y al final, además del interés de tu préstamo. También hay un número limitado de bancos que cuenten con agentes hipotecarios, por lo que podría no ser la mejor opción para ti. ¿Recuerdas lo que dije acerca de los sitios de Internet para comparar tarjetas de crédito? Siempre hay alguien que tiene que pagar, y en este caso serás tú. Déjame explicarte... Cuando utilizas un agente hipotecario para conseguir la mejor opción de préstamo hipotecario, ellos sólo pueden realizar un trámite con un número limitado de bancos, y al final casi todos los bancos con los que tienen relación son propiedad de uno de los "4 grandes bancos". No tengo conocimiento de algún banco que no sea propiedad de uno de los "4 grandes", pero estoy segura de que debe haber algunos que no lo son. La última vez que asesoré a alguien que estaba usando un agente de hipotecas para vender su casa, le cobraron $ 3,850 como pago por adelantado, que se añadió al costo de su préstamo hipotecario. Esto significa que mi amigo pagó un interés compuesto adicional del 6% anual sobre la cantidad durante toda el tiempo que duró su hipoteca de 30 años, lo que equivale a $ 23,247. Sin olvidar, la comisión de seguimiento que también se añadió a su hipoteca. Mi pregunta es: "¿Por qué?" Si tan sólo pasaras una mañana revisando las diferentes tasas de interés en tu computadora y eligieras un banco tú mismo, no sólo podrías conseguir un mejor trato, no tendrías la carga de tener que pagar comisiones iniciales y finales por el uso de un agente hipotecario. *Podrías pensar que es un impuesto por pereza.*

Obtén una cuenta de compensación de tu hipoteca. Actívala tan pronto como recibas tu préstamo hipotecario. Funciona de tal forma que tengas todos sus ingresos depositados en tu cuenta de compensación donde tu dinero estará disponible para que pagues todas tus otras cuentas. Funciona así: Si tienes $ 1,000 en tu cuenta de compensación, no pagas los intereses de esos $ 1,000 de tu hipoteca. Ya que tu préstamo hipotecario tiene un interés más alto que cualquiera que se pudiera ganar en cualquier otra cuenta bancaria de ahorros, obtendrás una mejor tasa de interés de tus ahorros mismos que irán hacia tu hipoteca, por lo que tu préstamo hipotecario dará sus frutos incluso antes.

No consigas otro préstamo de ninguna índole hasta que pagues en su totalidad tu hipoteca. Es por puro y simple sentido común. Restríngete, o ahorra, pero no pidas prestado. No te sobre-endeudes a ti mismo o podrías terminar por perderlo todo.

Negocia tu préstamo a 25 años sin multas por pagos anticipados. Después de esto, deberías pagar en 10 o 15 años. De esta manera no tendrás que pagar comisiones y multas por atreverte a realizar pagos anticipados, así mismo el banco se lo puede prestar a otra persona. En mi experiencia, la mayoría de los préstamos cobran un cargo de interés adicional equivalente a la cantidad que habrías pagado sino hubieras pagado antes de tiempo. Por ejemplo, si pagabas $ 2,500 al mes, reduciendo 10 años de tu préstamo te ahorrarías $ 300,000 en mensualidades, o si redujeras 15 años te ahorrarías $ 450,000. ¿No te encanta la idea? Es suficiente para comprar otra casa por el mismo precio. *¿Vale la pena llevar una vida más sencilla, mientras pagas tu hipoteca para salir adelante más rápido? O... ¿Prefieres mantener tu estilo de vida actual y sufrir constantemente para mantenerte al día con los pagos?* Podrías comprar una propiedad para rentar y permitir que los inquilinos tengan el privilegio de pagarte una renta, misma que obviamente utilizarías para pagar ese préstamo mucho más rápido. De esta forma yo fui capaz de pagar mi préstamo de inversión de 30 años en menos de cuatro años, con sólo juntar la renta de esa casa y mi sueldo para pagar el préstamo. El banco no creía que fuera posible hacerse, por lo que no me permitió obtener un préstamo a 10 años, así que tuve que firmar por un préstamo a 30 años sin sanciones. *Nada mal para una persona con un salario de medio tiempo.*

Comprar y ser dueño de una casa

¡Ahorra el 20% de enganche!

Seguro de protección de la hipoteca - ¡ay!

¡Compra donde puedas cubrir los costos!

¡No compres mobiliario nuevo!

¡Paga el préstamo semanal o quincenalmente!

¡Dale mantenimiento a la propiedad para que conserve su valor!

¡Paga todo tu dinero extra al préstamo!

¡Conoce a tus vecinos, es una grandiosa manera de disfrutar y mantenerte seguro!

¡Negocia directamente con el banco para conseguir un préstamo sin comisiones o cargos, después de haber revisado todos sus sitios de Internet!

¡Pídele a tus padres si es que son dueños de su propia casa hagan la negociación en representación tuya, su banco debería ser más complaciente!

¡No contrates un agente hipotecario,

terminarás pagando comisiones de inicio y seguimiento además del interés de tu préstamo, también cuentan con un número limitado de bancos que cuenten con ellos!

¡Obtén una cuenta de compensación de tu hipoteca!

¡No consigas otro préstamo de ninguna índole hasta que primero hayas pagado por completo tu hipoteca!

¡Negocia un préstamo a 25 años sin sanciones por pagos anticipados, pero págalo en 10 o 15 años!

CAPITULO 7

Cobradores

Lo mejor que puedes hacer tan pronto como te des cuenta que tienes problemas para pagar una cuenta es contactar a la empresa tan pronto como sea posible, *antes de la fecha límite de pago*, con el fin de establecer un plan de pago. La mayoría de las empresas te permitirán hacer esto para ayudarte con el proceso. Sin embargo, no esperes de estas nada de comprensión si las contactas después de la fecha límite de pago.

Si te encuentras en una lamentable situación en la que estás en dificultades financieras y no puedes pagar tus cuentas, probablemente serás contactado por algún cobrador. ¿Qué es un cobrador? Un cobrador es una persona que cobra a nombre de una empresa. En Australia un cobrador debe tener una licencia válida como cobrador para hacerlo.

Como consumidor, tienes ciertos derechos cuando algún cobrador se tenga que poner en contacto contigo. Estos derechos se extienden también a tu cónyuge, pareja, miembros de la familia u otra persona relacionada contigo. Un cobrador sólo debe ponerse en contacto contigo cuando sea necesario hacerlo y cuando el contacto se realice para fines razonables. Esto incluye:

- Requerirte un pago
- Acordar planes de pago
- Averiguar porque no has cumplido con el plan de pagos acordado
- Revisar el plan de pagos después de un período de tiempo acordado
- Inspeccionar y recuperar los bienes hipotecados (sólo si tienen derecho a hacerlo).

Existen limitaciones sobre cuándo y cuántas veces un cobrador puede comunicarse contigo. A un cobrador sólo se le permite:

- un máximo de tres llamadas telefónicas o cartas por semana, o 10 al mes.
- ponerse en contacto contigo en un horario de 7:30 a 21:00 hrs. de lunes a viernes, y de 9:00 a 21:00 hrs. los fines de semana.
- el contacto cara a cara contigo entre las horas de 9:00 y las 21:00 hrs. de lunes a viernes y fines de semana
- No se les permite ponerse en contacto contigo en días festivos nacionales

A los cobradores no se les permite usar la conducta extrema como allanamiento, meterse a la fuerza a tu casa, o uso de intimidación. Aquí está una lista de cosas que un cobrador no le está permitido hacer en ningún momento:

- No te pueden amenazar con el uso de cualquier tipo de fuerza ni a ti ni a cualquier miembro de tu familia o a cualquier otra persona relacionada contigo.
- No pueden dañar o amenazar con dañar cualquier cosa de tu propiedad.
- No pueden bloquear tu camino o bloquear el acceso a tu propiedad.
- Deben irse cuando tú así lo pidas.
- No pueden allanar, es decir, entrar a tu propiedad cuando les has negado tu permiso.
- No pueden abusar.
- No pueden gritarte.
- No pueden usar lenguaje racista u obsceno.
- No deben hacer comentarios personales denigrantes sobre ti.

En caso de que un cobrador haya realizado cualquiera de estas acciones prohibidas que puedes llamar inmediatamente a la policía, ya que pueden enfrentar cargos criminales. En seguida, también debes informar a la Comisión de Competencia y del Consumidor de Australia (Australian Competition & Consumer Commission, ACCC).

A los cobradores no se les permite tomar una ventaja injusta de ti:

- Si estás específicamente en desventaja debido a una enfermedad, edad, discapacidad, analfabetismo u otras circunstancias.
- Si eres ignorante de la ley.

- Si no entiendes las consecuencias de no pagar tu deuda.
- Si no entiendes el proceso de recuperación de la deuda.

Ponte en contacto con la ACCC para reportar tal comportamiento. La ACCC tiene la facultad de suspender la licencia de los cobradores.

Por si no has entendido lo que dice tu contrato sobre tu información de contacto, por lo general en el momento en que firmas el contrato de crédito con la empresa a la que ahora le debes dinero, esta remite tus datos de contacto a una agencia de cobranza. Esta empresa podría caer en incumplimiento de la Ley de Privacidad al revelar tus datos de contacto a un tercero sin tu autorización. En este caso es posible que quieras ponerte en contacto con un abogado para obtener asesoría por si quieres demandar a la empresa por incumplimiento de la privacidad.

Si ya presentaste una Declaración de Intención (Declaration of Intention, DOI) para solicitar una petición de deudor, un acuerdo de deuda, acuerdo de insolvencia personal, o quiebra, todo lo que tienes que hacer es dar ese número de quiebra a los cobradores la primera vez que te contacten. Después de esto te deben dejar en paz inmediatamente, y ya no podrán negociar la deuda contigo. Ya no están autorizados a ponerse en contacto contigo para hablar de la deuda. Esto es lo que se entiende como protección por quiebra. Te protege de aquellos cobradores que te quieran contactar para negociar la deuda. Hay sanciones severas para los agentes de cobranza y para las empresas a las que les debes dinero por estar hostigándote con el cobro de la deuda pendiente después de que ya les proporcionaste tu número de expediente de quiebra.

Para más información sobre tus derechos cuando se trate de cobradores, dirígete al sitio de Internet de ACCC:

www.accc.gov.au/consumers/debt-debt-collection/dealing-with-debt-collectors

CAPITULO 8

BANKRUPTCY &

OTHER DEBT

OPTIONS

Asumiendo que tienes a los cobradores tocando a tu puerta, y no tienes absolutamente ninguna posibilidad de realizar los pagos del plan acordado de la deuda, y que estás hundido en deudas sin ninguna esperanza, pudieras sentir que necesitas un nuevo comienzo. Talvez hayas oído hablar del término *quiebra*, pero esa no es la única alternativa. También hay declaración de intención, acuerdo de deuda, acuerdo de insolvencia personal, y como último recurso está la temida quiebra. Siempre debes considerar la quiebra como último recurso, ya que de cierta forma es similar a tener antecedentes penales. Se te impedirá mantener u obtener ciertas licencias de trabajo como oficial de seguridad, agente de bienes raíces, asesor financiero, contable, abogado, juez de paz, constructor, y un sinnúmero de otras profesiones. Durante el período que estés catalogado en quiebra, perderás derecho a demandar a alguien, no se te permitirá salir del país (a menos que solicites un permiso y se te conceda el permiso, lo cual ocurre rara vez). No podrás mantener ningún tipo de seguro, y hasta pudieran anular el seguro de cualquier coche que conduzcas, y los seguros de cualquier cosa dentro de la casa en que resides (incluso si la póliza está a nombre de otra persona). Finalmente, no podrás tener ningún otro contrato crediticio, lo que significa que no podrás rentar un coche, solicitar a crédito un celular, o una línea telefónica fija, o incluso rentar una casa a tu nombre. Básicamente te tratarían igual que si fueras un criminal. Es por eso que el gobierno propuso algunas alternativas.

Si te encuentras en problemas financieros puedes revisar algunas opciones en los siguientes sitios de Internet:

www.afsa.gov.au/debtors/in-financial-trouble

www.youtube.com/watch?v=7lQBuyKv6ic

La Ley de Quiebra te ofrece las siguientes cuatro opciones formales para hacer frente a una deuda incontrolable. Los siguientes son extractos del folleto informativo de la Autoridad de Seguridad Financiera Australiana (Australian Financial Security Authority, AFSA) llamado Guía de información sobre insolvencia personal para deudores. Puedes descargar la versión digital (PDF) del folleto completo aquí:

www.afsa.gov.au/debtors/personal-insolvency-information-booklet/personal-insolvency-information-for-debtors

Declaración de Intención (Declaration of Intention, DOI) para declarar la opción petitoria del deudor

Es la opción en la Ley de Quiebra que proporciona alivio temporal para permitirte hasta 21 días para decidir si procedes con la quiebra u otra opción. Durante el período de 21 días, los acreedores informales no pueden tomar ninguna acción para recaudar las deudas, incluyendo la recaudación de dinero o confiscar activos no garantizados. Es aquí donde puedes considerar tus circunstancias financieras, negociar con tus acreedores y, en la medida de lo posible, acordar arreglos adecuados para evitar entrar formalmente en la Ley de Quiebra.

No se registra en el Índice Nacional de Insolvencia Personal (registro electrónico público de todas las insolvencias personales).

No hay que pagar para presentar una solicitud DOI.

Puedes presentar una DOI si: no has solicitado un DOI en los últimos 12 meses; no has firmado un poder de control administrativo dentro de los seis meses anteriores (es decir, si has propuesto un acuerdo de insolvencia personal a tus acreedores); no tienes por el momento un acuerdo de deuda, acuerdo de insolvencia personal o no estás sujeto bajo un poder de control administrativo por el momento; ningún acreedor te ha solicitado que ya te declares en quiebra; tienes una residencia o relación de negocios en Australia (es decir, si estás viviendo en Australia o haces negocios en Australia).

Acuerdo de deuda

Un acuerdo de la deuda es un acuerdo que te vincula con tus acreedores en donde los acreedores acuerdan aceptar una suma de dinero que si puedas pagar. Tus pagos se basan en tu capacidad de pago teniendo en cuenta tus ingresos y todos los gastos del hogar.

Cuando se propone un acuerdo de deuda, se le paga una cuota de adhesión a la AFSA. Los administradores del acuerdo de deuda y otros asesores también pueden cobrar una cuota por el suministro de información y preparación del papeleo de los acuerdos de deuda. Los fondos recibidos por un administrador están sujetos a un cargo por llevarlos a cabo (un impuesto del gobierno) que el administrador paga directamente al gobierno.

Tu nombre y otros detalles aparecerán en el Índice Nacional de Insolvencia Personal (NPII), un registro público, por apertura y por cualquier acuerdo de deuda.

Tu capacidad por adquirir otros créditos se verá afectada. Los detalles del acuerdo de deuda también aparecerán en los registros de la organización hasta por cinco años - o incluso más en algunos casos.

Durante el período de escrutinio, los acreedores no pueden recuperar los artículos debidos ni tampoco pueden tomar medidas en tu contra ni de tu propiedad; y debe suspender las deducciones si es que adorna tus ingresos.

Puedes solicitar una propuesta de acuerdo de deuda si:

- eres insolvente (esto significa que no puedes pagar tus deudas en tiempo y forma);

- no has estado en quiebra, tenido un acuerdo de deuda o contratado un administrador de control en los últimos 10 años de acuerdo con la Ley de Quiebra;

- tienes deudas no respaldadas, activos e ingresos netos post-impuestos para los próximos 12 meses por debajo de los límites establecidos. Los límites son proporcionados en la lista de Cantidades Indexadas (Indexed Amounts).

Acuerdo de insolvencia personal

Un acuerdo de insolvencia personal (Personal Insolvency Agreement, PIA) es una opción formal disponible para ayudarte a lidiar con la incontrolable deuda. Un PIA es una forma flexible para que puedas llegar a un acuerdo con los acreedores y saldar tus deudas sin estar en quiebra.

Puedes incluir uno o más de los siguientes, que se traducirán en acreedores siendo pagados en parte o en su totalidad:

- un pago único a los acreedores ya sea con tu propio dinero o el dinero de terceros (por ejemplo, familia o amigos);
- transferencia de activos a los acreedores o el pago de las ganancias de la venta de activos a los acreedores;
- un acuerdo de pago con los acreedores (esto podría incluir el aplazamiento de los pagos).

¿Cuáles son las consecuencias de un PIA?

Cuando contratas a un administrador de control, activas una "acta de quiebra '. El acreedor puede usarla para solicitar ante los tribunales tu quiebra.

Aún si tu intento de ejecutar un PIA falla, el nombramiento de un administrador de control y el intento de ejecución de un PIA seguirá grabado en el Índice Nacional de Insolvencia Personal (NPII) para siempre.

Tus datos también aparecerán en un registro realizado por una organización de informes de crédito hasta por cinco años - o más en algunos casos;

Una vez que hayas ejecutado un PIA, estarás descalificado automáticamente para administrar una empresa hasta que los términos del PIA se hayan cumplido.

Puedes solicitar un PIA en los siguientes casos:

- si eres insolvente (o sea, que no puedes pagar tus deudas en tiempo y forma);

- si tienes una residencia o relación de negocios en Australia (es decir, si estás viviendo en Australia o haces negocios en Australia).

Quiebra

Hay dos maneras en que puedes llegar a la quiebra:

- Al presentar una petición de deudor, solicitando la quiebra voluntariamente.

- Si no puedes pagar tus deudas y no puedes pactar acuerdos de pago adecuados con tus acreedores, puedes optar por presentar voluntariamente una petición para declararte en quiebra.

Durante y después de tu quiebra, enfrentarás ciertas restricciones y se te impondrán ciertas obligaciones. Deberás leer la información publicada en AFSA y solicitar aclaraciones a un asesor financiero o ponte en contacto con nosotros si tienes alguna duda.

Si decides continuar, tendrás que completar una petición de deudor y un estado de situación patrimonial ante la AFSA dentro de los 28 días posteriores a la firma de los documentos. En general, la petición de deudor y el estado de situación patrimonial se procesan en un plazo de 48 horas. Cuando las formas sean aceptadas por AFSA automáticamente estarás en quiebra. Después, recibirás una carta con tu número de quiebra donde señalarán tus deberes y obligaciones, mientras estás en quiebra. Por favor, usa tu número de quiebra cuando te comuniques con tu administrador.

Debes leer cuidadosamente "la Información Esencial de Quiebra" donde AFSA describe lo que sucederá con tus activos, ingresos, etc. después de la quiebra.

Las consecuencias de la quiebra son graves y la quiebra no se puede cancelar si cambias de opinión.

Cuando un acreedor (alguien a quien le debes dinero) hace una solicitud al tribunal para declararte en quiebra, se refiere a la quiebra involuntaria.

Si no puedes pagar tus deudas y no llegaste a un arreglo con tus acreedores y no te has declarado voluntariamente en quiebra, el acreedor a quien le debes $ 5,000 o más puede solicitar al tribunal que te declare arruinado.

En general, el proceso de solicitud de quiebra comienza cuando un acreedor solicita un aviso de quiebra, y se ocupa de cobrarte el dinero que le debes dentro de los 21 días posteriores. El aviso sólo puede ser emitido si el acreedor ha obtenido una sentencia judicial en tu contra en los últimos seis años y la cantidad total enjuiciada (o dos juicios combinados) es $ 5,000 o más.

Si no le pagas al acreedor en el tiempo indicado en el aviso, cometes un "acto de quiebra". Entonces el acreedor puede solicitar al tribunal (una petición de acreedor) que te declaren en quiebra. El tribunal te dará oportunidad de exponer tu caso antes de ejecutar la petición.

Si después de haber escuchado el caso planteado por el acreedor además de cualquier comentario que hubieras hecho, el tribunal está convencido de que no le has pagado al acreedor, el tribunal dicta una orden (orden de embargo) para declararte en quiebra. Se te asigna un administrador y, a continuación, estarás obligado a presentar un estado de situación patrimonial ante la AFSA dentro de un plazo de 14 días posteriores de ser notificados de la orden a ejecutar.

Si no presentas tu estado de situación patrimonial prevista en la Ley de Quiebra podrías ser procesado.

Si decides realizar cualquiera de estas opciones, después de haber buscado asesoramiento adicional, puedes encontrar todos los formularios requeridos en la siguiente página:

www.afsa.gov.au/resources/forms/forms-for-debtors

*Para más información contacta a la AFSA al 1300 364 785, o visitando **www.afsa.gov.au**, o discute tus asuntos financieros con un asesor financiero.*

CAPITULO 9

Inversiones

Después de haber pagado tu préstamo hipotecario es posible que decidas que desees invertir en una propiedad para rentar o en acciones que consideres que son muy seguras. Hay muchas alternativas de alto riesgo, la mayoría son excesivamente anunciadas. Elige aquella con la que te sientas más cómodo para invertir. También puedes incrementar un poco tu fondo de ahorro para el retiro. Revisa las reglas vigentes ya que cambian rápidamente. Los asesores de tu fondo de ahorro para el retiro pueden ofrecerte asesoramiento. También puedes visitar a un asesor financiero independiente o un asesor financiero de tu banco. Evalúa sus sugerencias y pregunta sobre las comisiones que se pagan por cada estrategia. Determina si sus recomendaciones se enfocan en tus beneficios o en los de ellos. Hay muchos asesores financieros buenos y honrados. Verifica sus credenciales, y cuídate de los charlatanes. Cuando los charlatanes son identificados, son removidos de esta lista.

Para identificar a un asesor financiero certificado y más consejos sobre lo que debes pedir en tu primera reunión puedes visitar la página del consumidor de la Asociación de Planificación Financiera de Australia (Financial Planning Association of Australia LTD) en *www.fpa.asn.au*.

Propiedad para Rentar

Cuando compras una propiedad para rentarla, asegúrate de que estás dispuesto a vivir en ella, de lo contrario ¿cómo esperas que otros paguen por alquilarla? Hay una **regla de excepción por residencia principal** donde no tienes que pagar impuesto sobre las ganancias de capital por la venta de una propiedad que originalmente era tu residencia principal, pero que más tarde decidiste rentarla a los inquilinos. Un breve resumen de los puntos principales de esta regla se puede leer en:

www.momentumwealth.com.au/property-tax-tips-capital-gains-tax-cgt-main-residence-exemption

Primero verifica siempre con tu asesor de impuestos más detalles y los recientes cambios en la ley de impuestos. Trata a tus inquilinos de la manera que te gustaría ser tratado. Dale mantenimiento a tu propiedad en renta para que conserve su valor y sea apta para ser rentada. Los gastos de mantenimiento son deducibles de impuestos y otras mejoras se pueden depreciar con el tiempo. Consigue un administrador de la propiedad para asegurarte de que se pague la renta. También debes obtener un seguro de protección de propietarios (página disponible al final de este libro). *Asegúrate de que la renta cubre los pagos de préstamos, o un poco más, si es posible*. Negocia el préstamo por un período más largo si es necesario para que sea asequible. Averigua los derechos de los inquilinos y los tuyos, como dueño de la propiedad.

Para las propiedades de Queensland la Autoridad de Arrendamientos Residenciales (Residential Tenancies Authority) te proporciona dos folletos informativos que puedes ver en:

Derechos y obligaciones de los propietarios:

www.rta.qld.gov.au/~/media/Publications/Publications%20for%20managers/RTA_Managing%20general%20tenancies%20in%20Queensland.ashx

Derechos y obligaciones de los inquilinos:

www.rta.qld.gov.au/~/media/Forms/Forms%20for%20general%20tenancies/RTA-pocket-guide-for-tenants-house-and-units-form-17a.ashx

Nunca está de más tener una caja de chocolates con una pequeña nota de bienvenida para tus nuevos inquilinos cuando se instalen en la casa por primera.

Propiedad en renta

¡Compra sólo aquello en lo que tú vivirías!

¡Dale mantenimiento!

¡Usa la renta para pagar el préstamo!

¡Contrata un administrador de la propiedad!

¡Asegúrala!

Acciones

Antes de comprar cualquier Acción considera esto:

- ¿Uso sus productos o servicios?

- ¿La empresa es ética? (Pueden incurrir en grandes pérdidas si tienen que pagar una indemnización.)

- ¿Es financieramente sólida?

- ¿Hay relación calidad-precio?

Haz tu investigación. La Bolsa de Valores de Australia (Australian Security Exchange, ASX) ofrece una gran cantidad de información gratuita, así que haz uso imparcialmente de su sitio de internet: ***www.asx.com.au***. También puedes inscribirte en alguna página de la bolsa de valores en línea. La mayoría tienen una maravillosa variedad de herramientas para ayudarte y una línea de ayuda por si no estás seguro o estás perdido.

Las acciones con las que podrías empezar pudieran ser 'blue chips', bancos o industrias dentro de las 100 empresas más importantes. También es divertido para conseguir acciones de a 0.001 centavo cada una, donde pequeños cambios pueden hacer grandes ganancias o grandes pérdidas, pero no te limites sólo a tenerlas. Suscríbete a varias revistas de acciones y dinero te dará una buena idea de cómo se debe abordar la inversión en acciones. Lee al menos dos artículos antes de invertir por primera vez. Nunca pidas prestado para comprar acciones. Una vez que hayas ahorrado un capital libre de $ 500 necesites para pagar cuentas podrás comprar acciones. Tu cartera de acciones que se acumularán lentamente. Poco a poco te extenderás en todos los sectores: banca, minería, comercio al menudeo, productos básicos, y biotecnología. Sin embargo, si pides prestado para invertir en acciones, podrías terminar sin nada si hay otra caída de la bolsa. Tales préstamos de margen podrían hacerte ganar enormes ganancias, pero el riesgo es muy alto. Todavía estarías debiendo el dinero que pediste prestado, y que debe ser pagado.

Acciones

¡Aprende de estas primero!

¡Haz tu tarea!

¡No pidas prestado para invertirlo en modo de alto riesgo, si eres inexperto, o si inviertes lo que no puedes pagar!

¡Comienza poco a poco y desarróllalo!

¡Diversifica tus inversiones en varios sectores!

Fondo De Ahorro Para El Retiro

Aporta un poco tu sueldo para incrementar tu jubilación. Los siguientes cálculos están basados para el período fiscal 2015-2016 para los residentes de Australia:

Escenario 1: De entre $ 0 a $ 18,200 de ingresos gravables, más las contribuciones reportadas por el empleador, más beneficios complementarios reportados.

Esta persona sólo se ve beneficiada de los primeros $ 1,000 abonados anualmente de su salario, ya que tienen un respaldo libre de impuestos. Si hicieran una aportación voluntaria tendrían que pagar el 15% de impuesto sobre esa contribución, pero se vería beneficiado por una co-contribución gubernamental del 50% que en este caso sería de $ 500 anualmente. Aportando $ 1,000 de su salario tendrían que pagar $ 150 adicionales para la oficina de impuestos, pero se añadirían $ 500 adicionales a su fondo por la contribución gubernamental. Lo que significaría un 35% de ganancia de la inversión.

Escenario 2: De entre $ 18,201 a $ 37,000 de ingresos gravables, más las contribuciones reportadas por el empleador, más beneficios complementarios reportados.

Esta persona ahorra el 4% de su salario, por los primeros $ 18,799 por año tiene un margen libre de impuestos del 19% y sus aportaciones adicionales tienen un impuesto gravable del 15%. Si su ingreso es inferior a $ 35,454 aún se pueden beneficiar de la co-contribución gubernamental hasta de $ 500 anuales, pero la aportación se reduce a $ 300 si su ingreso es superior a la cantidad señalada.

Escenario 3: De entre $ 37.001 a $ 80.000 de ingresos gravables, más las contribuciones reportadas por el empleador, más beneficios complementarios reportados.

Esta persona ahorra el 17.5% de su salario, siempre y cuando sus aportaciones totales (incluyendo las aportaciones obligatorias del empleador del 9.5%) no excedan de $ 30,000 por año ya que estarían dentro de su 37% de margen libre de impuestos, y por sus aportaciones adicionales sólo pagarían el 15 % de impuestos, si sus ingresos son menores a $ 47,454, aún se beneficiarían de la co-contribución gubernamental del 50% de hasta $ 300 anuales, aunque esta aportación se reduce a $ 100 si su ingreso es de hasta $ 50,454. Arriba de esa cantidad no hay aportación gubernamental.

Escenario 4: De entre $ 80.001 a $ 180.000 de ingresos gravables, más las contribuciones reportadas por el empleador, más beneficios complementarios reportados.

Esta persona ahorra 22% de su salario, siempre y cuando el total de sus aportaciones (incluyendo las aportaciones obligatorias del empleador del 9.5%) no excedan de $ 30,000 por año ya que estarían dentro de su 37% de margen libre de impuestos, y por sus aportaciones adicionales sólo pagarían el 15% de impuestos.

Escenario 5: más de $ 180.001 de ingresos gravables, más las contribuciones reportadas por el empleador, más beneficios complementarios reportados.

Esta persona ahorra el 32% de su salario, siempre y cuando el total de sus aportaciones (incluyendo las aportaciones obligatorias del empleador del 9.5%) no excedan de $ 30,000 por año ya que estarían dentro de su 47% de margen libre de impuestos, y por sus aportaciones adicionales sólo pagarían el 15% de impuestos.

Con la belleza de interés compuesto serás responsable de ahorrar para tu jubilación. La receta para no sufrir. No te beneficia aportar más de las cantidades anteriores, a menos que pertenezcas a una categoría especial dependiendo de tu edad y las reglas en un futuro. Los escenarios anteriores son sólo para ayudar a explicarte el concepto y siempre debes consultar a tu agente de impuestos para tu situación específica.

Fondo de Ahorro Para el Retiro

¡Verifica las reglas vigentes!

¡Contribuyendo un poco constantemente, te proporcionará ganancias a largo plazo!

CAPITULO 10

Comprar Cosas

Ahorra, paga en efectivo y negocia para conseguir la mejor oferta. Cada vez que pido un descuento por lo general me han ofrecido un descuento del 10% o más. Algunas tiendas se disculpan por no poder ofrecerte más de un 10% de descuento. Cuando comparo el precio de descuento que conseguí y lo que he comprado con mi tarjeta de crédito, a veces podría ser la mitad del costo de la compra sin considerar los intereses. Pero, si lo compras con tu tarjeta de crédito y sólo pagas el monto mínimo mensual, te costará más de 4 veces lo que hubiera costado si hubieras tenido el dinero para ello y te hubieran ofrecido un descuento.

Cuando compras un coche nuevo el costo de pago de contado es 60% menos que si lo hubieras sacado con el financiamiento del concesionario con interés para pagarlo durante los próximos cuatro o cinco años. Los distribuidores ganan la mayor parte de su dinero en sus préstamos de financiación, no la venta coche real, por lo que no es de extrañar que traten de convencerte de comprar el coche en financiamiento. ¡Hace poco me compré un coche, con dinero en efectivo, por supuesto! Naturalmente, el distribuidor me ofreció un financiamiento. Cuando hice los cálculos decidí negociar un mejor trato para comprar el coche en efectivo (o un cheque bancario). El vendedor de autos fue generalmente adorable y muy serio, sin embargo, tomé nota de todos los detalles y los llevé a casa para estudiarlos antes de tomar mi decisión. *¡Nunca compres nada por puro impulso!*

Todo lo que compres asegúrate de cuidarlo, de otra forma sería un desperdicio. Esto se aplica a todo, desde almacenar los alimentos correctamente, hasta darle servicio a tu automóvil regularmente. Siempre es más barato dar mantenimiento que reparar o reemplazar. Cuando compres algo, asegúrate de que tomaste en cuenta los costos de servicios regulares, para saber si realmente lo puedes costear.

Comprar cosas

¡Ahorra!

¡Pagar en efectivo!

¡Negocia la mejor oferta!

¡Al comprar un coche nuevo ahorrarás un 60% si pagas en efectivo en comparación con conseguir un financiamiento de más 4 o 5 años con el concesionario!

¡Cuídalo!

CAPITULO 11

Teléfonos Celulares

Compra lo que necesitas, no lo que piensas que es cool. Si sólo necesitas un teléfono para enviar y recibir llamadas o enviar y recibir mensajes SMS, y tal vez de entretenimiento ocasional, sólo tienes que conseguir un dispositivo básico. Si puedes conseguir uno que esté "desbloqueado" serás libre de elegir cualquier proveedor de red (por ejemplo, Telstra, Optus, Vodafone, Virgin Mobile, Aldi móvil, etc) que ofrezca el mejor plan para satisfacer tus necesidades. También puedes decidir si quieres que sea de pre-pago o pospago, o tener un plan o pagar por lo que consumas. Si ya tienes una tablet o una computadora realmente no necesitas tener internet en tu teléfono para uso privado. Por lo general, tu jefe debe proporcionarte un teléfono capaz de procesar pagos, si así lo requieres en tu trabajo. **Recuerda: Consigue lo que necesites. Si lo necesitas, consíguelo, de lo contrario no lo hagas.**

Si tienes familiares y amigos en el extranjero con los que necesites comunicarte regularmente, obtén una tarjeta SIM para hacer llamadas al extranjero y cámbiala cuando sea necesario. De lo contrario, consíguete un teléfono de $ 29 sólo para realizar llamadas al extranjero. Algunas compañías ofrecen 1 centavo por minuto a la India, y 2 centavos por 5 minutos a China. La tienda hindú de tu localidad, o los mercados del barrio chino son los mejores lugares para conseguirlos.

Las empresas que ofrecen mejores planes, sin tanto adorno son Amaysim, Dodo, iinet, etc. Aunque tendrás que comprobar su cobertura disponible. En algunas zonas del país hay recepción para una sola red. Si ese es el caso de donde vives, asegúrate de que tu proveedor utilice la red de Telstra.

Hay otras dos alternativas telefónicas que la mayoría de las personas no conoce. En primer lugar, si tienes un iPhone de Apple y tus amigos también tienen iPhones de Apple, y todos los dispositivos tienen habilitada FaceTime, podrán realizar llamadas entre ustedes usando el audio de FaceTime gratis sin importar en qué parte del mundo estén. (En este caso, necesitarás gastar datos de tu plan de telefonía móvil, aunque si conectas tu iPhone a una red Wi-Fi, entonces no necesitas gastar ningún dato de tu plan de telefonía móvil)

La segunda opción para realizar llamadas a los contactos de tu celular sería registrándote con un proveedor de VoIP mediante la instalación de su aplicación y habilitarla en tu iPhone o Android. Puedes comparar todos los proveedores de VoIP en la siguiente dirección: *www.voipchoice.com.au.* Ahora puedes utilizar el Internet para hacer llamadas telefónicas a cualquier teléfono fijo o móvil en el mundo a un ritmo mucho menor, y en algunos casos de forma gratuita. Por ejemplo, Engin cuenta actualmente con tarifas mensuales que van desde $ 9.95 por mes a $ 29.95 por mes para llamadas ilimitadas (*www.engin.com.au*). Lo importante que tienes que recordar es que si utilizas VOIP para hacer todas tus llamadas telefónicas ya no serán necesarias las llamadas incluidas en tu plan de telefonía móvil, porque sólo querrás utilizar los datos. Puedes utilizar VoIP, independientemente del país donde te encuentres o de tu proveedor de telefonía móvil. Telstra por lo general tiene la mejor cobertura, y tienen un plan SIM pre-pago denominado "Plan de Banda Ancha Móvil", que te da 12 GB de datos para que los puedas usar hasta por 12 meses, está a la venta en $ 180. El único requisito es que tienes que ser dueño de tu teléfono para utilizar este plan de prepago. Por lo tanto si utilizas VoIP para todas las llamadas no debes pagar más de $ 180 al año para tu plan de telefonía móvil, a menos que uses tus datos móviles para cosas tontas como para descargar películas. Telco prefiere que compres un teléfono en un plan en lugar de pura y simple por lo que no se puede tomar ventaja de estas alternativas más baratas. Si haces cuentas puedes darte cuenta que todavía puede ser mejor pagar tu teléfono con tarjeta de crédito con un plan de prepago y resulta más barato que la suscripción a un plan de pospago más de 24 meses en las que liquidas tu celular.

Si realmente no necesitas Internet o tienes el plan de utilizar VOIP no lo entiendo. Habla con tus amigos cara a cara y no en las salas de chat. Recuerda que debes tener cuidado con lo que se publica en las redes sociales (Facebook, Twitter, etc.), ya que afecta tus oportunidades de trabajo y tu vida. ***Recuerda: ¡la gente*** *lo revisa!* He oído hablar de muchos empleadores que verifican las redes sociales de todos sus empleados potenciales antes de decidir a quién entrevistar. También es posible que no te hayas dado cuenta que el Facebook instalado en tu celular es la mayor fuga de la batería del teléfono. Si te fijas que la vida de tu batería no dura lo suficiente, intenta desinstalar Facebook. Todavía podrás utilizar Facebook en tu computadora en casa.

Cuando viajes al extranjero, apaga el internet de tu teléfono, si lo tienes. Y utiliza en su lugar el wi-fi gratuito en los múltiples lugares que tienen acceso. *Recuerda simplemente no utilizar el Internet público gratuito de los hoteles para revisar sus operaciones bancarias o realizar pagos con tarjeta de crédito, ya que son vulnerables de los hackers.* Sólo necesitas de un hacker para conectarse a Wi-Fi del hotel en cualquier habitación en el hotel para poder acceder a tu computadora, tablet o celular conectado a la misma red Wi-Fi. Hay una posibilidad del 98% de que tu tarjeta de crédito o contraseñas puedan ser interceptadas cuando te estás conectando al Wi-Fi público o del hotel. Puedes evitar este problema de seguridad mediante el uso de una red privada virtual (VPN) en tu dispositivo móvil. En pocas palabras, una VPN simplemente encripta todo lo que tu teléfono está enviando o recibiendo en internet para que los hackers no puedan interceptarlo. Una de las maneras más fáciles de instalarlo es mediante la instalación de la aplicación OpenVPN en tu móvil:

Para iPhones:

http://itunes.apple.com/us/app/openvpn-connect/id590379981?mt=8

Para teléfonos Android

http://play.google.com/store/apps/details?id=de.blinkt.openvpn

Abre la aplicación y registrarte como cliente nuevo con tu dirección de correo electrónico y sigue las instrucciones que aparecen en pantalla. Es fácil de instalar. Después deberías ver alguna parte de la pantalla de tu teléfono cuando "VPN" está activado.

Tener internet en el celular te puede costar aún cuando estás en tu casa, así que cuando estés en tu casa conecta el celular a la red Wi-Fi. Revisa los costos de roaming mundial antes de ir al extranjero. Telstra activa automáticamente todos los celulares para usarlos en el extranjero. Algunas personas regresan a casa para encontrarse con la sorpresa de una factura de teléfono de más de $ 10,000 por una semana en Bali. Cuando salgas deja apagado el roaming mundial, el uso de datos, revisa tu correo electrónico en los puntos de acceso gratuito de Wi-Fi. La web está saturada de historias de personas incautas a las que les han cobrado cantidades obscenas por roaming mundial debido al uso de datos.

www.news.com.au/technology/australian-travellers-slugged-30-times-more-to-use-smartphones-overseas-with-competition-laws-stalled/story-e6frfrnr-1227413238654.

Alternativamente, si tienes un celular desbloqueado, entonces considera en comprar una tarjeta SIM de prepago para poder usarla en el extranjero, ya que es mucho más barato que usar roaming internacional, especialmente con VoIP o audio FaceTime. ¡Disfruta de tus vacaciones, no twittees o te perderás la diversión!

Teléfonos celulares

¡Obtén lo que necesitas, no lo que crees que es cool!

¡Busca el mejor plan, sin tanto adorno!

¡Si realmente no necesitas Internet, no lo contrates!

¡Habla con tus amigos cara a cara no en salas de chat!

¡Si eres dueño de tu celular podrás considerar planes de VoIP!

¡Si tienes un iPhone de Apple puedes aprovechar las llamadas de audio en FaceTime!

¡Ten cuidado con lo que publicas en las redes sociales!

¡Cuando viajes, apaga el Internet si tienes, utiliza la conexión Wi-Fi gratuita, o compra una tarjeta SIM de pre-pago en el extranjero!

NUNCA accedas a tus cuentas bancarias o realices un pago con tarjeta de crédito a través del Wi-Fi público o del hotel, a menos que utilices una VPN.

CAPITULO 12

Bodas

Mi madre le daba este sabio consejo a cualquier persona que se iba a casar...

ANTES *de casarte cada uno debe ahorrar seis semanas de salario y debe ahorrarlo en una cuenta bancaria a su nombre (misma en la que el otro no tenga acceso), y la llamarán* ***CUENTA DE DIVORCIO****. Nunca se debe utilizar esta cuenta, excepto para el propósito con que se diseñó (el divorcio). Si alguno necesita echar mano de esta para alguna emergencia, asegúrense de que pueden reponerlo en su totalidad dentro de las 6 semanas siguientes. Si no pueden reponerla en su totalidad, entonces será mejor que no la toquen en absoluto.*

Su consejo sigue tan vigente hoy como lo fue en la década de 1970.

Hay tres buenas razones para tener una cuenta de divorcio:

- Si tu cónyuge muere todas las cuentas bancarias mancomunadas muchas veces son congeladas por seis semanas o más en lo que se legaliza la situación testamentaria del fallecido. Durante ese tiempo no podrás tener acceso al dinero que se encuentre en las cuentas mancomunadas o a nombre de tu cónyuge.

- Si te encuentras en una relación violenta, esta cuenta te permitirá ponerte a salvo a ti y a tus hijos. No estás obligado económicamente a quedarte con un cónyuge abusivo.

- Saberte económicamente independiente es sinónimo de que podrás resolver tus problemas ya que sabes que tienes opciones y no te sentirás atrapado. Estar atrapado o sentirse atrapado es en definitiva un factor destructivo para la relación.

El divorcio no es para tomarse a la ligera. El matrimonio es un compromiso, por lo que si te separas sentirás que has perdido parte de ti mismo. Dicho esto, si hay *CUALQUIER TIPO DE VIOLENCIA o ABUSO, HUYE, HUYE RÁPIDAMENTE y NO REGRESES*. Recuerda, que si la violencia ocurre una vez, volverá a suceder y es más probable que incremente en lugar de que cese. *¡Donde no hay respeto, no hay relación!* Busca un lugar seguro y cambia tu número de teléfono y dirección de correo electrónico, deja de usar tus redes sociales, todo donde tu ex-pareja pueda rastrearte, y mantente a salvo.

Vi algunas estadísticas alarmantes en el periódico este año. ¿Sabías que una boda en promedio cuesta entre $ 10.000 y $ 50.000? La mayoría tiende a estar más cerca de los $ 50.000. ¡Qué desperdicio! ¡Esos $ 50,000 podrían ser utilizados como depósito sustancial para una casa! El matrimonio y el compromiso público es importante, pero los lujos de una boda llamativa no lo son.

Antes de que decidas considerar el matrimonio, o ponerte en contacto con un ministro de matrimonios o con la iglesia, debes tomarte el tiempo para leer la siguiente página web del Gobierno de Queensland sobre los matrimonios, para que sepas lo que te espera y qué trámites debes realizar para casarte:

www.qld.gov.au/law/births-deaths-marriages-and-divorces/marriage-weddings-and-registered-relationships/getting-married/

Un ministro de matrimonios promedio (para bodas civiles) cobra entre $ 500 y $ 1,350 sólo por su servicio, además de todos los gastos de la renta del salón de fiestas y el banquete. Está es una lista de los ministros matrimoniales registrados en Australia:

www.celebrations.org.au/ceremonies/134-fast-find-a-celebrant/1652-regions

Si tienes el plan de casarte por la iglesia, renta un salón y lleva tu propio banquete o ingéniatelas para que las señoras de la iglesia hagan una pequeña donación. Sólo invita a familiares y amigos más cercanos. No invites a gente sólo porque sientes que necesitas hacerlo, de todos modos a ellos no les importa si están o no invitados. Pide prestado un vestido de novia o háztelo tu misma o comprar uno en Internet. Recuerda que sólo lo usaras unas horas. En lugar de regalos que no necesites, especialmente si has estado viviendo fuera de casa por un tiempo, pide "ladrillos para construir tu casa" o ayuda para la luna de miel. Considera la idea de tener una boda en los jardines botánicos y bocadillos después. Se creativo... ¡No seas desperdiciado! Una de las cosas más tristes que he escuchado recientemente fue acerca de una pareja que esperó tanto para ahorrar lo suficiente para tener una boda, que su hijo caminó por el pasillo con ellos.

Si aún no estás seguro de casarte, pero quieres algún tipo de reconocimiento formal de compromiso con tu pareja hasta que decida casarse. La mayoría de las personas no saben que los residentes de Queensland tienen la opción de considerar el registro de su relación, con el Departamento de nacimientos, defunciones y matrimonios, simplemente completando el siguiente formulario y firmándolo ante un Juez de Paz. Es gratis y mucho más fácil de terminar en comparación con el complicado proceso de divorcio. Entonces, si después decides casarte, se sustituye el certificado de relación registrada por el certificado de matrimonio. Puedes descargar los formularios de solicitud y la información aquí:

Formato para registrar una relación (uno por persona):

https://publications.qld.gov.au/dataset/8f1d4035-229e-4870-822e-baa63a59eb8b/resource/c6947b49-3c4d-4698-80cb-f6dda18abaf6/download/registeracivilpartnershipsubmission.pdf

Formato para terminar una relación (uno por persona):

https://publications.qld.gov.au/storage/f/2014-04-17T00%3A55%3A49.736Z/application-to-terminate-a-registered-relationship-form-18.pdf

Declaración jurada para terminar una relación (una sola persona):

https://publications.qld.gov.au/storage/f/2014-04-17T00%3A58%3A24.768Z/registered-relationship-termination-statutory-declaration.pdf

Bodas

¡Cada uno debe ahorrar seis semanas de salario en su propia 'cuenta de divorcio'!

¡Si hay cualquier tipo de violencia, huye rápido, y no vuelvas!

¡En lugar de una deslumbrante boda, hagan el depósito de una casa!

¡Los residentes de Queensland pueden registrar una relación en lugar de casarse, si lo desean!

CAPITULO 13

Divorcios

Un asombroso 27,6% de los matrimonios en Australia terminó en divorcio en 2011, según la Agencia Australiana de Estadísticas (Australian Bureau of Statistics). Es probablemente que un divorcio tenga el mayor impacto en tus finanzas. ¿Tu matrimonio se ha fracasado irrevocablemente? ¿Estás seguro que no es sólo la conocida comezón de los siete años que casi todas las parejas casadas experimentan? Los psicólogos llaman a esto disminución de la felicidad de la relación después de aproximadamente siete años de matrimonio, también es conocido como el final de la luna de miel, donde cada persona en una pareja lucha por aferrarse a su identidad cuando se dan cuenta de que se han convertido en una sola persona. A veces esto provoca sentimientos de resentimiento contra la pareja. ¿Tú o tu cónyuge han experimentando una crisis de la mediana edad, fase de nuestro desarrollo que se experimenta en algún momento entre los 40 y 60 años de edad? Durante este tiempo, tu pareja puede mostrar sentimientos de resentimiento hacia ti. No hay necesidad de poner fin a un matrimonio por algo que sólo será temporal.

Dicho esto, si hay ***CUALQUIER TIPO DE VIOLENCIA*** o ***ABUSO, HUYE, HUYE RÁPIDAMENTE y NO REGRESES***. Recuerda, que si la violencia ocurre una vez, volverá a suceder y es más probable que incremente en lugar de que cese. *¡Donde no hay respeto, no hay relación!* Busca un lugar seguro y cambia tu número de teléfono y dirección de correo electrónico, deja de usar tus redes sociales, todo donde tu ex-pareja pueda rastrearte, y mantente a salvo.

Antes de considerar el divorcio es posible que quieras ver la película "La guerra de los Roses", con Michael Douglas, Kathleen Turner y Danny DeVito. Es la mejor manera de explicarte que tan feo y doloroso es el divorcio. *¡No te equivoques, no hay tal cosa como un bonito, limpio, y fácil divorcio!* Tus amigos te podrán decir eso, pero no es lo que experimentaron. Cuando algo es tan emocionalmente doloroso, mucha gente enfrenta la negación y bloquea subconscientemente todo el proceso doloroso del divorcio, y es por eso que te dicen que están bien, sólo porque olvidaron los detalles.

Lo primero que necesitas saber de cómo obtener un divorcio es que de acuerdo con la legislación australiana no puedes divorciarte durante los dos primeros años de matrimonio. Suponiendo que has estado casado durante más de dos años, tendrás que separarte por al menos 366 días antes de que puedas solicitar el divorcio. Entonces, si tu divorcio es un caso sencillo y sin custodia de hijos o partición complicada de bienes tendrás que esperar por lo menos 12 meses antes de que el tribunal atienda tu divorcio, presentándote ante la Corte de Circuito Federal de Australia, que se ocupa de los divorcios simples. De lo contrario, para presentar casos más complicados de divorcio tendrás que recurrir al Tribunal de Familia de Australia (o Tribunal de Familia de Australia Occidental para los que viven en WA) donde tendrás que esperar tres años para que el tribunal atienda tu divorcio. La mayoría de las personas necesitan un trámite de divorcio simple, pero equivocadamente lo presentan ante el tribunal de lo familiar en lugar de la Corte de Circuito Federal, lo que implica un retraso innecesario de tres años para que tu divorcio sea atendido. Así que de un modo u otro, desde el día en que te separas hasta el día que recibes tu acta de divorcio ("sentencia condicional") toma entre dos y cinco años, si todo marcha bien. ¡Pero si cometes un error en la solicitud de tu divorcio el período de espera comienza de nuevo!

Las cosas que debes considerar en un divorcio son: custodia de hijos; pago de manutención; partición de bienes; lo que pasará si la casa está hipotecada; ¿Qué pasará si el precio de venta de la casa es menor que la hipoteca?; ¿qué pasará si las cuentas mancomunadas y tarjetas de crédito son congeladas?; y si tus fondos de ahorro para el retiro pudieran ser embargados por tu pareja como parte del divorcio.

Si decides pedir el divorcio, dependerás de los ahorros de tu cuenta bancaria de divorcio que abriste antes de casarte.

Puedes descargar y usar estas hojas de datos y formularios de solicitud de divorcio. Sólo la cuota por solicitar el divorcio es de $ 845, después, dependiendo de las circunstancias, también hay cuotas por cada día de audiencia, cuota por citatorio, además de los honorarios, cuota por resolución, y cuota por comenzar el trámite. *NOTA: si los dos solicitan el divorcio de común acuerdo, ninguno tendrá que comparecer ante el tribunal:*

Hoja informativa de Divorcio:

http://www.familycourt.gov.au/wps/wcm/connect/ 36763cca-8b01-4f40-9e7e- f8e2e590189f/Preparing_affidavit0313V2.pdf?M OD=AJPERES&CONVERT_TO=url&CACHEI D=36763cca-8b01-4f40-9e7e-f8e2e590189f

Kit de aplicación del divorcio:

http://www.familycourt.gov.au/wps/wcm/connect/ d9c6e4be-3288-4fc5-9080- e0ffb759beee/Divorce_Kit_0313_V3a.pdf?MOD =AJPERES&CONVERT_TO=url&CACHEID=d 9c6e4be-3288-4fc5-9080-e0ffb759beee

Kit de servicio del Divorcio:

http://www.familycourt.gov.au/wps/wcm/connect/6bca8754-d4e7-4147-8929-7432f59e3d75/Divorce_ServiceKit_0313_V2b.pdf?MOD=AJPERES&CONVERT_TO=url&CACHEID=6bca8754-d4e7-4147-8929-7432f59e3d75

¿Piensas que es mejor contratar un abogado? Piensa en esto... a los abogados les encantan los divorcios, porque cuanto más tiempo toma el caso, más dinero ganan. Si tienes que contratarlos, tienes que saber qué esperar, así que no hagas que el divorcio sea difícil teniendo que arreglarlo fuera del matrimonio. Es posible que no quede nada para ti o para tu pareja.

Divorcios

¡Si hay cualquier tipo de violencia, huye rápido, y no vuelvas!

¡Los divorcios suelen tardar entre 2 y 5 años, o más!

¡Los divorcios son feos, dolorosos, y el mayor golpe para tus finanzas!

Si vas a presentar tú sólo la solicitud de divorcio

será mejor que lo lleves al Tribunal de Circuito Federal de Australia para reducir el tiempo de espera.

Si los dos juntos solicitan de divorcio de común acuerdo, no tendrán que comparecer ante el tribunal.

¡Aquí es donde podrás depender de tu "cuenta de divorcio"!

CAPITULO 14

Jubilation

Esta es mi parte favorita. Si fuiste responsable durante toda tu vida y siguiendo los consejos de este libro, incluso si has sufrido un par de crisis financieras y algunos agentes de bienes raíces deshonestos que te vieron la cara, de la misma manera que nos pasó a nosotros, podrás jubilarte y ser autosuficiente cuando tú lo decidas. Nosotros así lo hicimos. Me retiré a los 55 años y mi marido a los 62 años, porque queríamos viajar.

Al planificar tu jubilación es necesario evaluar el tipo de estilo de vida que quieres llevar. Es muy buena idea visitar a un asesor financiero para discutir las opciones de tu fondo de ahorro para el retiro cuando llegues a esta etapa de tu vida. Si quieres un coche nuevo cada 3 años, deberás contemplarlo en tus ahorros y cálculos.

Jubilación

¡Antes que te jubiles arregla tu casa para que no requiera mucho mantenimiento!

¡Se realista acerca de cuáles serán los costos!

¡Calcula lo que creas que necesitas y agregar 10%, sólo para estar seguro!

¡Si puedes trabajar medio tiempo antes de jubilarte te ayudará a adaptarte a la vida desestructurada de jubilación!

¡Prepárate para la vida como voluntario, que es a la vez exigente y gratificante!

¡Si eres bendecido con nietos es cuando podrás divertirte en serio!

Si tu casa es demasiado grande como para hacer la limpieza y darle mantenimiento y es demasiado para tí, véndela antes de que te retires para que te acostumbres a tu nuevo vecindario. ¡Haz esto antes de tener que adaptarte a la vida desestructurada de jubilación!

¡Sigue tus sueños, haz todas las cosas que siempre has querido hacer, viajar, aprender a dibujar, o incluso escribir un libro!

CAPITULO 15

Testamento

¿Qué es un Testamento? Un Testamento es un documento en el que las personas, conocidas como testadores, dan instrucciones sobre lo que quieren que suceda con su propiedad después que mueran. El Testamento normalmente especifica a las personas quienes harán cumplir los términos del Testamento(los ejecutores), y a veces también da instrucciones sobre los arreglos funerarios. Las personas que mueren intestadas (sin Testamento válido) pierden la oportunidad de dar instrucciones sobre cómo se repartan sus bienes (herencia). Entonces la Oficina de Administración Pública del gobierno será la que decida a quien se le quedará tu colección de Star Wars y otras cosas importantes. Por lo que cobrarán honorarios, ya que nada se puede quedar sin haberse repartido.

Un Testamento es uno de los documentos más importantes que una persona va a firmar durante su vida. Tan pronto como tengas un trabajo y un ingreso necesitarás un Testamento. En realidad, hay paquetes simples disponibles en puestos de periódicos y oficinas de correos mismos que pudieras tramitar tú mismo, por menos de $ 30. Como alternativa, puedes buscar en Google un instructivo y asesoramiento gratuito para escribir tu propio Testamento. El problema es que hay una gran cantidad de publicidad y sugerencias que te pueden resultar complicadas. Si sientes que no puedes escribirlo correctamente deberás contratar los servicios de un abogado o de un administrador público.

Ten en cuenta que el administrador público te puede ofrecer redactar tu Testamento de forma gratuita, pero después puede insistir en convertirse en el ejecutor de tu patrimonio y cobrarse de tu herencia por ese servicio una vez que mueras. De otra forma, podría cobrarte una cuota (del mismo modo que un abogado) por redactar tu Testamento, y si así lo deseas puedes asignar a otra persona para ser el ejecutor de tu herencia. *Puedes encontrar algunos sitios de Internet sobre administración pública para cada caso al final de este libro en la sección Enlaces útiles.*

Si mientras eres soltero quieres dejarles todo a tus padres o hermanos, más tarde puedes fácilmente modificar tu Testamento. Es absolutamente necesario tener un Testamento si compraste una casa, te casaste, tuviste hijos o tienes a otros que dependen de tí. No pienses de más. Celebra las cosas que tienes y puedes compartir.

Si estás tienes menos de veinte, puedes sorprenderte el hecho que no seas a prueba de balas. Los hombres más vulnerables a morir en accidentes automovilísticos son aquellos que tienen entre 17 y 19 años, más que de cualquier otra edad. Si tienes un coche necesitas un Testamento.

Consíguete un par de vecinos o amigos, para que sean testigos de tu Testamento. Asegúrate de que estos testigos no sean mencionados en tu Testamento, de lo contrario, no sería válido. *(Muchas personas pueden preferir que un Juez de Paz sea uno de sus testigos, aunque la ley no lo requiere.)*

Si estás casado, recuerda que tu pareja también tiene que redactar su propio Testamento. Una vez que hayas redactado tu Testamento, etiqueta claramente en un sobre y dile donde está a aquellos que necesiten saber. Si quieres que sea más fácil para aquellos que dejas atrás aquí hay algunas cosas que deberías incluir en el sobre:

- una copia de tu acta de nacimiento;

- certificados de nacimiento de tus padres;

- certificado de matrimonio;

- cualquier Decreto Nisi (Certificado de divorcio), si has estado divorciada;

- todos tus números de cuenta, incluyendo el banco y sucursal;

- los detalles de tu póliza de seguro, incluyendo números de póliza de seguro, nombre de la empresa, tipo de cobertura, y datos de contacto.

Actualiza tu Testamento cada par de años y asegúrate de que los todos los detalles en el sobre sean correctos. Recuerda, no se trata de tí, sino que estarás ayudando a los que tienen que hacer el papeleo en un momento difícil. Se necesitarán estos certificados para tu certificado de defunción.

Esta es una lista de preguntas frecuentes, las puedes encontrar en el sitio de Internet de Administración Pública:

www.publictrusteesaustralia.com/faqs

P: ¿Qué sucede si muero sin dejar un Testamento?
R: *Tus bienes serán distribuidos de acuerdo a un procedimiento comúnmente conocido como las Ley de Intestado, y no necesariamente de acuerdo con tus deseos.*

P: ¿Qué edad debo tener para poder hacer un Testamento?
R: *Eres legalmente capaz de hacer un Testamento después de haber cumplido los 18 años de edad.*

P: ¿Si me caso después de haber hecho mi Testamento, seguirá siendo válido?
R: *No. El matrimonio revoca un Testamento, a menos que en el Testamento se haya contemplado el matrimonio.*

P: ¿Mi pareja recibirá automáticamente mis bienes si no hago Testamento?
R: *No. Los activos también se podrían repartir con tus hijos.*

P: ¿Si me divorcio de mi pareja y muero sin actualizar mi Testamento será él o ella quien reciba mis bienes?
R: *No. El divorcio revoca cualquier disposición de tu Testamento por tu ex-pareja.*

P: ¿Qué pasa si muero sin dejar Testamento y tengo una relación actualmente?
R: *Tu pareja tendrá derecho sobre tu patrimonio si ha sido tu pareja por lo menos durante dos años.*

P: ¿Un Testamento escrito a mano es válido?
R: *Sí, si se hace en cumplimiento de la Ley Testamentaria 1968.*

P: ¿Si muero intestado y no tengo familia a quien se le quedan mis bienes?
R: *Si no dejas esposo(a) ni hijos y no tienes familiares ningún primo o sobrino, el Gobierno tiene derecho a reclamar la propiedad.*

P: ¿Qué pasa si alguno de los testigos de mi Testamento es un beneficiario?
R: *Ese beneficiario podría ser excluido de tu Testamento.*

P: ¿Quién puede ser testigo de mi Testamento?
R: *Depende del Estado o Localidad, sin embargo, dos personas cualesquiera que estén presentes y que al mismo tiempo no sean beneficiarias o que tengan relación directa con tus beneficiarios pueden ser testigos válidos para tu Testamento. Se debe utilizar un mismo bolígrafo para evitar problemas de validez.*

Si tu Testamento es considerado como inválido el Administrador Público será quien decida quién obtiene qué, si es que queda algo después de haber cobrado sus honorarios. Cuando se trata de Testamentos, en especial el último Testamento de una persona, hay algunos puntos importantes que debes seguir para asegurarte de que la autenticidad de tu Testamento no se cuestione. Algunos de los puntos principales se enumeran a continuación.

Testamentos

El Testamento debe ser firmado por cada persona con el mismo bolígrafo (preferentemente azul, pero también se acepta negro).

No debes engrapar tu Testamento a cualquier otro pedazo de papel.

Cada página debe ser firmada por el

testador y los dos testigos (poniendo firma completa no sólo las iniciales).

Tiene que haber dos testigos presentes, al mismo tiempo, cuando el testador firma el Testamento.

El testador debe tener la capacidad mental para entender lo que él o ella ha escrito y firmado.

Ni el testador ni cualquiera de los testigo debe estar intoxicado o bajo la influencia de drogas (o medicamentos que afecten el estado de alerta) en el momento de la firma.

Ningún testigo debe ser un beneficiario o ejecutor de la propiedad especificada en el Testamento.

Debes crear un Testamento nuevo cada vez que tengas un hijo, te cases, te divorcies, cada vez que un hijo o cónyuge u otro beneficiario especificado en tu Testamento muera. <u>La mayoría de las personas no se dan cuenta de que cualquiera de estos eventos puede hacer que tu Testamento sea inválido, entonces el Gobierno decidirá cómo se debe distribuir tu herencia.</u>

CAPITULO 16

E.P.A. Y G.P.A.

¡Cuando se trata de tus finanzas, hay un documento muy poderoso, que la mayoría de las personas ni siquiera son conscientes de que existe! Un Apoderado Legal (Enduring Power of Attorney, E.P.A.) y no debe confundirse con un Poder Notarial General (General Power of Attorney, G.P.A.).

Cada persona debe tener un documento de este tipo a partir de los 18 años o más. Este documento entra en vigor tan pronto cuando quedes incapacitado en un accidente, y durante la duración de tu incapacitación. Este documento da a la persona que designes el poder de decidir a qué tratamientos hospitalarios necesites someterte, y les da la posibilidad de acceder a tus finanzas para pagar tus facturas, y cualquier cosa que especifique, por lo que hay una interferencia mínima en tu vida una vez que saliste del hospital y puedas atender tus propios asuntos. Por supuesto, el documento te permite especificar y limitar los poderes que le das a alguien en esas situaciones. La persona que especifiques se debe comprometer a actuar de acuerdo con el documento, y si no lo hace puede ser considerada responsable.

Escenario:

Vamos a tomar un ejemplo reciente de un joven de 23 años de edad que ha estado trabajando muy duro y ahorró suficiente dinero para ir al extranjero de vacaciones a Bali, y no tiene un E.P.A.. Mientras buceaba se golpea la cabeza contra el suelo y queda tetrapléjico. Lo tratan en el hospital local y luego lo regresan en un vuelo a Australia. No puede firmar su nombre para acceder a los fondos en su cuenta bancaria, por lo que no puede pagar sus facturas de teléfono o Internet, no puede pagar sus tarjetas de crédito, y no puede pagar su hipoteca. Podría querer comprar una silla de ruedas especial, pero no puede lidiar con la compañía de su seguro médico debido a que está incapacitado. Ni sus padres ni su novia pueden hacer nada en representación suya, ni pueden solicitar a su nombre la ayuda económica que ofrece Centrelink, por el simple hecho que ni el gobierno, ni los bancos, ni las compañías de seguros, ni las empresas de telecomunicaciones, ni los servicios públicos, como la electricidad, el agua, no permiten que alguien más haga un trámite a nombre de otra persona. Los padres del muchacho pueden acudir ante los tribunales a solicitar que se les concedan dichos poderes, pero esto podría tomar más de dos años. Mientras tanto, su historial crediticio se habría arruinado, y su vida y la vida de sus padres y la de su novia sería una pesadilla.

Podrás decir, yo no voy al extranjero, por lo tanto no necesito una. Bueno, me pregunto, ¿Cuál sería la diferencia si te atropellara un coche al cruzar la calle, o si te resbalaras en la ducha de tu casa y qué tal si hubieras quedado inconsciente y quedaras en coma temporal, o si después de una desafortunada cirugía hubieras quedado incapacitado? No hay diferencia. Ese documento le(s) permitiría a la persona o personas que tú designaras atender tus asuntos financieros mientras estés en el hospital, o decidirían a qué tratamientos médicos debes someterte en caso de que hubieras sido llevado a un hospital en estado inconsciente. Existen algunos casos en que una E.P.A. pierde su poder: (a) cuando eres capaz de manejar a tus propios asuntos financieros cuando puedes decirles lo que quieres a los médicos en el hospital, y (b) en el caso que mueras, entonces es cuando entra en vigor tu Testamento (también conocido como Último Testamento). Si tienes problemas para llenar una E.P.A. puedes pedirle el Administrador Público escriba uno para ti, si no, todo lo que tienes que hacer es conseguir que atestigüe un Juez de Paz. Cada adulto de tu familia debe tener un E.P.A. incluso si tienes la suerte de nunca tener la necesidad de utilizarlo.

Un poder notarial es el poder legal que permite tomar decisiones en nombre de otra persona. Un Poder Notarial General (General Power of Attorney, G.P.A.) pierde su poder si quedas incapacitado, y donde el nombramiento de Apoderado Legal (E.P.A.) continúa incluso si la persona que pierde la capacidad para tomar decisiones. El G.P.A. y el E.P.A. sólo son válidos en Australia, y no tienen efecto legal en otros países.

Si le das a alguien un Poder Notarial General, por ejemplo, para firmar algunos documentos en tu ausencia, ese poder se haría inválido inmediatamente si por alguna razón pierdes la capacidad de tomar decisiones. Esto podría ser muy poco conveniente para tu abogado quien lleva los asuntos de tu negocio. Por lo tanto, nombrar a alguien como tu apoderado significa que él o ella será capaz de seguir actuando por ti si pierdes la capacidad para actuar por tí mismo. Puedes nombrar un apoderado para que tome decisiones sobre: tus asuntos personales o de salud; o asuntos financieros.

Ejemplos de asuntos personales o de salud son aquellas decisiones acerca de dónde y con quién vivirás, si trabajarás o tomarás algún curso educativo o de capacitación, si solicitas algún permiso o licencia, problemas de la vida cotidiana como qué comer y con qué vestirse, y si consentir o no ciertos tratamientos clínicos (tal como una operación). Sin un E.P.A. el médico que te está tratando en el hospital tiene el poder de tomar estas decisiones, no tus padres, cónyuge, pareja o novia. Lo cual es generalmente molesto para tus seres queridos porque se dan cuenta que no pueden hacer tu voluntad.

Por ejemplo, en una cuestión financiera sería decidir "cómo se deben invertir tus ingresos".

Puede descargar la versión corta del E.P.A. (para que un abogado atienda tanto tus asuntos financieros como de salud):

*https://publications.qld.gov.au/dataset/0e798d96
-9ba6-4aa0-95cd-
5a017a0589a9/resource/94c27605-28ad-4e71-
846b-
04b0d66ef3b8/download/enduringpowerofattorn
eyshortformform2.pdf*

Puede descargar la versión larga del E.P.A. (para que un(os) abogado(s) atienda(n) tus asuntos financieros y otro(s) abogado(s) diferente(s) atiendan tus asuntos de salud)

https://publications.qld.gov.au/dataset/0e798d96-
9ba6-4aa0-95cd-
5a017a0589a9/resource/d33b1e89-0b07-4a14-
a4d8-
05ff4f610b25/download/enduringpowerofattorne
ylongformform3.pdf

En cualquier momento puedes decidir cancelar tu E.P.A. con la siguiente forma. Pero si lo que desea es reemplazar la E.P.A. existente puedes hacerlo sólo llenando un nuevo E.P.A.

https://publications.qld.gov.au/dataset/0e798d96-9ba6-4aa0-95cd-5a017a0589a9/resource/f94f016c-5fff-4b27-9f77-a957bd120865/download/revocationofenduringpowerofattorneyform6.pdf

Si quieres dar a alguien un Poder Notarial para manejar tus finanzas sólo mientras tienes las facultades pero saldrás del estado o del país, o simplemente no puedes salir de una cama de hospital porque te fracturaste la pierna, pero usted todavía tiene uso pleno de tus facultades mentales, entonces tendrás que tramitar un Poder Notarial General. Mismo que sólo tendrá validez siempre y cuando tengas pleno uso de tus facultades mentales. Puede descargar el formato para tramitar un G.P.A. en el enlace indicado abajo. Cualquier adulto puede ser testigo de estos trámites. Si quieres dar a tu abogado la capacidad de manejar asuntos relacionados con la compra-venta de un terreno a tu nombre tendrás que conseguir como testigo un juez de paz.

https://publications.qld.gov.au/dataset/0e798d96-9ba6-4aa0-95cd-5a017a0589a9/resource/efdfcdd4-2cf2-4002-992b-ec3e2b24d4a7/download/generalpowerofattorneyform1.pdf

E.P.A. y G.P.A.

¡Cada adulto debe tener un E.P.A!

¡El E.P.A. permite que alguien tome decisiones sobre tu salud y tratamientos médicos mientras estás incapacitado!

¡El E.P.A. permite que alguien atienda tus finanzas, mientras que estás incapacitado!

¡El G.P.A. permite que alguien atienda tus finanzas, mientras tienes pleno uso de tus facultades mentales!

¡El G.P.A. y el E.P.A. sólo son válidos en Australia, y no tienen ningún efecto legal en el extranjero!

¡El E.P.A. deberá realizarse en presencia de un juez de paz!

CAPITULO 17

A.H.D.

Con respecto a la salud existe un documento muy poderoso para los que residen en el estado de Queensland, Australia. Este documento es aún más específico que el nombramiento de Apoderado Legal con lo que respecta a tu salud y mientras te encuentras incapacitado, y generalmente se utiliza en conjunción con el nombramiento de Apoderado Legal.

La Directiva Anticipada de Salud (AHD) es un documento que establece las instrucciones de cómo quieres en un futuro que sean aplicados los cuidados médicos dependiendo de las condiciones que presentes. Entra en vigor sólo si dejas de poder tomar tus propias decisiones. Es posible que quieras que tu directiva entre en vigor en el momento dado que no puedas decidir por sí mismo, o es posible que quieras que se entre en vigor sólo si tienes una enfermedad terminal. Debes pensar con claridad que tratamiento médico querrías si te enfermaras. Por ejemplo:

Si el tratamiento pudiera prolongar tu vida, ¿qué nivel de calidad de vida sería aceptable para ti?

¿Qué tan importante es para ti poder comunicarte con familiares y amigos?

¿Cómo sabrás lo que la tecnología ha desarrollado para determinadas condiciones?

Es muy recomendable que discutas tu AHD con tu médico antes de tramitarla. Además, de que de por sí tu médico debe llenar la Sección 5 del formulario.

El propósito de una Directiva Anticipada de Salud es darte la confianza de que tu voluntad se llevará a cabo si no puedes hablar por ti mismo. Sin embargo, la eutanasia no sería obedecida, ya que violaría la ley. Según el Código Penal de Queensland, es un delito penal acelerar la muerte de una persona por un acto u omisión. "También es un delito ayudar a otra persona a cometer suicidio".

Debes ser consciente de que una A.H.D. sólo es válida en el Estado de Queensland, Australia. Según información la Oficina del Guardián Público, algunos otros estados de Australia pueden optar por seguir el A.H.D., pero no están obligados a hacerlo. También cualquier médico en Queensland puede optar por ignorar ciertas secciones de una A.H.D. si considera que es lo mejor. Puedes ponerte en contacto con la Oficina del Guardián Público donde podrán responder a todas las preguntas que pudieras tener acerca de cómo tramitar una A.H.D. Alternativamente, el formato para tramitar una A.H.D. contiene la mayor parte de la información que necesitas, y puede descargarlo en:

https://publications.qld.gov.au/dataset/0e798d96-9ba6-4aa0-95cd-5a017a0589a9/resource/6a3af073-cdba-4b82-8de7-eabe65950c24/download/advancehealthdirectiveformform4.pdf

A.H.D.

¡Sólo es válido en el Estado de Queensland, Australia!

¡Es más poderosa y específica que un E.P.A. con respecto a tu salud mientras te encuentras incapacitado!

¡Se utiliza por lo general junto con un E.P.A.!

¡Se requiere que tu médico llene la sección del médico, y debe ser atestiguado ante un juez de paz!

CAPITULO 18

Seguros

En cuanto a seguros hay muchos diferentes tipos. Hay seguro para casa, seguro de contenido, seguro de coche, seguro de protección del arrendador, seguro hipotecario predeterminado, seguro médico, seguro de viajero, seguro de vida, seguro contra accidentes, seguro de protección de ingresos, seguro de mascotas, y, finalmente, también hay seguro funerario. También hay un tipo más de "seguro", aunque técnicamente no es un seguro, pero aún vendido por compañías de seguros, llamado renta vitalicia.

Lee con cuidado la letra chiquita de tu póliza. La mayoría de las pólizas tienen una cláusula que establece que si quedas en quiebra entonces tu seguro expira y no tienen que pagarte nada. Además, cuando se trata del seguro de lo que contiene la casa, si alguien que vive en tu casa contigo es declarado en quiebra o ha sido declarado culpable de un delito en los últimos 5 años, tu seguro también puede ser anulado. Con respecto al seguro de tu automóvil si el que conduce tu coche es fue declarado en quiebra o ha sido declarado culpable de un delito en los últimos 5 años y tienen un accidente en tu coche, entonces tu seguro también puede peder su validez. Ten en cuenta que en Queensland conducir en estado de ebriedad es considerado un delito, así que ten cuidado a quien dejas conducir tu coche o vivir en tu casa.

Vamos a examinar cada uno de estos seguros:

Seguro de casa:

Asegura tu casa contra daños a la propia casa. Por ejemplo, las tormentas, la caída de árboles, incendios, etc.

No cubre cualquier cosa externa que no sea parte de tu casa, como el jardín o una cerca, a excepción de las piscinas y spas, sólo si se han especificado.

No cubre las cosas que están dentro de la casa, aquellas que se pueden quitar, como persianas, alfombras, cortinas, revestimientos para el suelo, y todas tus pertenencias personales.

Cubre aquellas cosas que están conectadas a tu casa, tales como horno de pared, cocina integral, aire acondicionado, calentadores de agua.

Por lo general, cubren los accidentes que tienen lugar dentro de la casa o propiedad. Por ejemplo, si un visitante o trabajador resulta herido porque el barandal de la escalera se aflojó o porque se tropezó en tu alfombra, o porque una baldosa estaba suelta.

Es obligatorio si tienes hipotecada la casa. Una vez que sea de tu propiedad es importante tener un seguro.

Si usted no puedes pagar el seguro, averigua si puedes conseguir una mejor oferta, pero asegúrate de tener un seguro de casa.

Si tu casa está asegurada por debajo de su valor (por ejemplo, en un 50%), si quieres cobrar el seguro por daños en la casa, la compañía de seguros sólo te pagará el 50% del costo de la reparación.

Seguros del Contenido de tu casa:

Asegura elementos dentro de tu casa que no formen parte de la propia casa física. Esto incluye todo el mobiliario, aparatos, enseres, y cualquier otra cosa que decidas asegurar. También incluye cosas tales como alfombras, persianas y cortinas, revestimientos de suelos (excepto baldosas - que están cubiertos por el seguro de casa), refrigeradores, lavadoras, secadoras, microondas, etc.

Este tipo de seguro es importante si tienes muchas cosas, o si el piso, revestimientos, persianas y cortinas no están cubiertos por el seguro de casa.

Tienes que leer la letra chiquita de estas pólizas, ya que algunos sólo permiten reemplazar los artículos viejos por nuevos, o sea te darán vales para comprar artículos de reemplazo en ciertas tiendas elegidas por la compañía aseguradora, o te enviarán artículos de reemplazo talvez no querías comprar. A mí me gustan las pólizas de seguros que te ofrecen una cantidad en efectivo abonada a tu cuenta bancaria para que puedas comprar lo que quieras con el dinero.

Seguro de auto

Hay cuatro tipos de seguro de automóvil, seguro obligatorio contra daños en propiedad ajena, seguro de daños a terceros, seguro contra incendio y robo, seguro de cobertura total.

Seguro obligatorio contra daños en propiedad ajena (Compulsory Third-party Property Insurance, CTPP) es obligatorio para todos los vehículos registrados, y en Queensland se paga como parte de tu registro de coche cada año (aunque puedes elegir con qué aseguradora deseas estar). Este seguro cubre si tu vehículo causa daños a una cerca, una casa, o una persona al ser golpeados por tu coche, sin importar quien conduce. Cubre todo aquello que no esté en la carretera. En algunos estados puedes tener que comprar este seguro por separado. ***Recuerda que es contra la ley conducir automóviles o incluso estacionarlos en una carretera o estacionamiento público, si no está registrado o no tiene seguro CTPP.***

Seguro de daños a terceros (Third-party Insurance, TPI) asegura al otro vehículo y a sus pasajeros cuando tu coche golpea al otro coche, y se te considera culpable. Tu coche no está asegurado y tendrías que pagar por la reparación de tu coche.

Seguro contra Incendio y Robo (Fire & Thief Insurance, FT-TPI) asegura al otro vehículo y sus pasajeros cuando tu coche le pega y se te considera culpable, a pesar de que tú tendrías que pagar por las reparaciones de tú automóvil. Sin embargo, si tu auto es robado o resulta incendiado tu coche estará cubierto. Si tienes un viejo cacharro, o eres un conductor novato sin antecedentes de conducción y las primas de los seguros de cobertura total son casi tan caras como el coste del coche, entonces deberías conseguir un Seguro contra Incendio y Robo, que cuesta casi lo mismo que sólo un seguro TPI (a menos que vivas en una zona de alta incidencia de robos), porque te darían la cobertura adicional contra robo e incendio.

Seguro de cobertura total (Comprehensive Insurance, CI) cubre todo lo que FT-TPI cubre, además de cubrir también los daños de tu vehículo causados en un accidente, así como a tus pasajeros. ¡Tienes que leer la letra pequeña con cuidado porque algunas pólizas globales sólo cubren tu coche hasta un máximo de $ 3,000 si el otro coche que te golpeó no estaba asegurado o el conductor estaba ebrio o bajo la influencia de drogas, y se le considera culpable. También es posible que quieras pagar un extra de $ 55 más o menos al año para asegurar el parabrisas y las ventanas ya que pudieran romperse al ser golpeados por una roca. El costo de reemplazar un parabrisas de un coche nuevo puede costar hasta $ 1,300 por lo que debes asegurarte de que tienes la cobertura extra de parabrisas. Si tu coche vale la pena o no puedes darte el lujo de comprar otro, debes considerar comprar el seguro de cobertura total. *Recuerda, si rentas un coche o compraste tu coche con financiamiento, forzosamente tendrás que contratar un seguro de cobertura total.*

Seguro de protección del propietario

Es muy importante si tienes una propiedad en renta. Si los inquilinos destrozan o queman tu propiedad, podrás cobrarte de su depósito, y en algunas circunstancias también cubrirá las rentas sin pagar.

Seguro de protección hipotecaria (o Seguro Hipotecario Predeterminado)

Esta es una póliza que se paga para asegurar tu banco por si no pagas tu hipoteca. Si no cumples con tu hipoteca porque te lesionas o pierdes tu trabajo, etc. la aseguradora paga por ti. Tu aseguradora luego vende tu casa rápidamente en una subasta sin importar lo que puedan conseguir ese día. A continuación, le deberás a la compañía de seguros cualquier diferencia remanente de la venta de tu casa y lo que tuvieron que pagar al banco.

Recuerda, si no tienes por lo menos un enganche del 20% de la compra de tu casa el banco te requerirá contrates este seguro antes de que darte un préstamo hipotecario. *Consulta el capítulo de Comprar y ser dueños de una casa*

Seguro médico

El seguro médico privado es importante si estás por necesitar una cirugía mayor y el hospital al que acudes no es bueno o posterga mucho tu atención.

Mientras escribía esto, el gobierno australiano estaba considerando medios para evaluar el seguro médico. Si es aprobado por ley significará que si tu ingreso está por encima de una cierta cantidad se te cobrará un impuesto (posiblemente equivalente al costo de un seguro médico privado) por no tener cobertura médica privada.

Hay un cobro extra por edad, o sea, que por cada año que no tengas seguro médico privado después de los 40 tus cuotas aumentarán un 2% por cada año. Por lo tanto, si decides contratar un seguro médico privado cuando tengas 60 años, tendrás que pagar una cuota adicional del 40% cada año. Después de 10 años de cobertura continua esa cuota adicional es removida. Todo lo que necesitas hacer para evitar esto es contratar la cobertura hospitalaria más básica, si es que no tienes problemas de salud.

Hay diferentes niveles de hospital y coberturas extras, y cada compañía de seguros tiene diferentes paquetes de beneficios. Selecciona la empresa y la cobertura que mejor se adapte a tus necesidades, recuerda que siempre puedes cambiarla más adelante.

Cada año debes comprobar si tu plan se adapta a tus necesidades, ya que es posible que estés pagando más por un paquete antiguo y los nuevos clientes paguen menos por los paquetes modernos. Las compañías de seguros son conocidas por hacer eso, por no informar a los clientes existentes de los paquetes más nuevos y más baratos que ofrecen la misma cobertura.

Si necesitas cirugía, asegúrate de ponerte en contacto con tu compañía de seguros para revisar su lista de opciones de proveedores. Cada cirujano u hospital tiene diferentes acuerdos con diferentes compañías de seguros. Cuando una compañía de seguros puede cubrir tu operación con un médico específico para no los gastos directos de su bolsillo, otra compañía de seguros no puede tener ese médico en su lista, por lo que tendrías que pagar una parte del costo, sino que pueden tener otros médicos y hospitales sin limitaciones.

Asegúrate de leer con cuidado los detalles de la póliza. Por ejemplo, los nacimientos fallidos no están cubiertos, inclusive bajo una póliza que incluya nacimiento de niños. Tú tendrías que pagar toda la estancia en el hospital y los médicos. *¡Lee la letra chiquita!*

La Cobertura Extra es importante para atención dental, óptica, etc. (si no tienes una tarjeta de atención médica). El importe de la bonificación por los extras varía entre el 0% y el 80% dependiendo de tu póliza. Si eres lo suficientemente saludable y sólo vas al dentista una vez al año, sigue siendo más barato pagar 2 empastes que lo que tendrías que pagar con la cuota extra con la que sólo conseguirías un descuento del 40% en los empastes. La mayoría de los dentistas dan un descuento del 15% en efectivo sólo a los clientes que no tienen seguro, por lo que el beneficio de tener cobertura extra es incluso menor. Para tener cobertura dental mayor tienes que esperar entre 12 meses y 2 años. Haz las cuentas y te darás cuenta de que el costo de una corona es menor que el costo de dos años de cobertura extra. Necesitas tener múltiples problemas cada año para beneficiarte de la cobertura extra. *Recuerda que las compañías de seguros están aquí para conseguir ganancias.*

Seguro de viajero

Si vas a viajar al extranjero a países como Estados Unidos, donde cualquier procedimiento médico es exageradamente caro necesitarás un seguro de viajero. Por ejemplo, al buscar en la web podrás ver que si te lesionaste un dedo y tuviste que someterte a una operación en Estados Unidos, te costaría $ 60.000 USD. Eso es sólo por un dedo, sería mucho más si necesitaras permanecer en el hospital o si hubieras tenido alguna enfermedad o un grave envenenamiento por comer algo en mal estado. Podrías terminar con una deuda de más de un millón de dólares en tan sólo unos días. Ellos no te permitirían salir de su país para que regreses a casa hasta que hayas pagado la factura.

Incluso si tienes un seguro de viajero, aún tienes que leer la póliza cuidadosamente. A principios de este año hubo una pareja australiana que tenía el mejor seguro de viajero que el dinero pudiera comprar, y la mujer tuvo un parto prematuro (4 meses antes) en un vuelo a Hawai. El niño recién nacido tenía que estar en cuidados intensivos en un hospital por lo que la esposa se quedó con el niño en el hospital en Hawai. Ellos se sorprendieron al recibir una factura por $ 1,6 millones USD del hospital ya que su seguro de viajero no pagaría porque su póliza no cubría nacimientos.

Seguro de vida

El seguro de vida te cubre si quedas parapléjico o cuadripléjico o mueres. En algunos casos ni siquiera cubre los suicidios.

El seguro de vida es importante si tienes una hipoteca y si tienes familia. Si eres la principal fuente de ingresos de la familia y al morir quieras asegurarte de que tu familia no se quede en la calle. Asegúrate de que la cantidad a pagar sea suficiente para cubrir el importe de la hipoteca más un 10%.

Seguro de accidentes

Este seguro te pago si te rompiste un hueso, perdiste la vista, perdiste tu audición, has quedado parapléjico o cuadripléjico o mueres como consecuencia de un accidente.

No es caro, actualmente las primas van desde $ 9.95 hasta $ 24.95 por mes, pero los pagos tampoco son jugosos.

Es posible que algún agente de Ace Insurance Group te haya hablado por teléfono tratando de venderte este tipo de seguro. A menos que seas muy propenso a los accidentes, es probable que no te beneficies al contratarlo. Estos pagos ni siquiera cubrirían tus gastos médicos. Tu seguro médico probablemente cubre los accidentes de todos modos.

Seguro de Protección de Ingresos

Este te cubre si pierdes el trabajo o te lesiona y no puedes trabajar por algún tiempo. Usualmente te darían el 75% de tu salario promedio. Los pagos se realizarían hasta por 12 meses, y en ciertos casos hasta que tengas edad de jubilarte.

Si tienes alguna deuda o dependientes este seguro es necesario, si no es que ya lo tienes como parte de tu plan de jubilación. Este seguro de Protección de ingresos ya está incluido en la mayoría de los planes de jubilación del gobierno. Comprueba si tu jubilación lo tiene incluido. Comprueba si la cantidad cubierta es correcta.

Las primas de seguros de protección de ingresos son deducibles de impuestos en Australia. Puedes deducir las primas de tus ingresos gravables, o tomarlos como parte de su fondo de ahorro para el retiro.

Seguro de Decesos

Este es uno de esos regímenes en los que las compañías de seguros hacen mucho dinero ya que las personas no hacen cuentas. Desde el momento que contratas un seguro funerario acuerdas en pagar una cantidad y pagar las cuotas hasta el día en que mueras. Estas cuotas suelen aumentar con la edad. El problema es, que también aumentan con la inflación. Así que para cuando mueras el pago no alcanzará a cubrir tus gastos funerarios. Durante todos esos años podrías haber terminado pagando más de 10 veces la cantidad que ellos pagarán como prima.

Así que a menos que tengas una enfermedad terminal y vayas a morir en dos años o menos *(Nota: no pagan si mueres dentro de los primeros 12 meses de todos modos)*, no te beneficiarías de un seguro funerario. O bien pagas por adelantado un funeral o te aseguras de que haya lo suficiente en el banco para pagar por ello. Incluso se puede abrir una cuenta de ahorro bancaria por separado (a nombre de tu cónyuge), donde tú depositas $ 2 por semana para juntar para pagar la cuenta del funeral.

Renta Vitalicia

Esto es aún peor que los sistemas de seguros funerarios. Un renta vitalicia es un producto de inversión relativamente de bajo riesgo contractualmente ejecutado, donde la compañía institución financiera o de seguros se compromete a pagar una renta mensual o anual fija por un determinado número de años, o hasta que mueras.

Si mueres, la empresa o la institución de seguro financiero se queda con el dinero. Se convierte en su dinero en el momento que firmas el contrato.

Si la empresa o institución financiera de seguros se declara en quiebra, no consigues nada y pierdes tu dinero, como ocurrió en varios casos durante la crisis financiera mundial.

Esta es la cosa más importante de todas. Se llama valor temporal del dinero. Digamos que la anualidad garantiza un ingreso de 10% por año. Si invertiste $ 100.000 entonces esperas obtener un 10% cada año. Eso suena bien en un principio. Pero a ese ritmo podrías pensar que te tomaría 10 años para recuperar el dinero que invertiste... ¡Incorrecto! Tendrías que pagar impuestos sobre el dinero que te pagaran, así que digamos que estás dentro del margen de impuestos del 34%, entonces te tomaría 16.6 años recuperar el dinero que originalmente invertiste en esa anualidad. Pero se pone peor, porque si hubieras dejado ese dinero en una cuenta simple ahorro con una conservadora tasa de interés anual del 3%, te habrías perdido de un interés del 55.7% en los mismos 16,6 años (es más probable que el interés promedio fuera del 6,5% en ese período, lo que te hubiera hecho ganar mucho más). Además de todo eso, el pago regular del 10% cada mes perdería su valor con la inflación cada año y es probable que comprarías sólo el 14% de lo que hubieras comprado hace 16.6 años.

Escenario 1:

Unas personas invierten $ 100.000 en una renta vitalicia al 10% anual. Cada mes reciben un pago de $ 550 después de haber pagado impuestos (asumiendo un 34% de impuesto sobre la renta). Después de 16.6 años recibieron $ 100.000, que es lo que invirtieron originalmente.

Escenario 2:

Estas personas dejan sus $ 100.000 en el banco con sólo una tasa de interés del 3% anual después de 16,6 años ganaron $ 55,796 de intereses, además de que aún tienen los $ 100.000 del principio. Así que tienen un total de $ 155,796 en sus manos. Con interés compuesto esta cantidad se duplicaría rápidamente en pocos años más, mientras que la renta vitalicia del "escenario 1" sólo mantuvo el pago por la misma cantidad.

¿Por qué alguien alguna vez consideraría contratar una renta vitalicia? Todo lo que hace la institución financiera es poner tu dinero en una cuenta bancaria como la persona del escenario 2 y se queda con los intereses en lugar de que tú te los quedes.

Seguros

Si no puedes resolver los problemas con tu compañía de seguros puede comunicarte con el Financial Ombudsman Service (FOS) para obtener ayuda.

Los datos de contacto de los FOS son:

Correo: GPO Box 3, MELBOURNE VIC 3001

Teléfono: 1300 78 08 08

Fax: (03) 9613 6399

Sitio web: www.fos.org.au

Correo electrónico: info@fos.org.au

Una vez más, repito este consejo es de carácter general y puede no ser apropiado para tus circunstancias, **revisa la página del aviso legal.**

CAPITULO 19

Juguetes

Es divertido tener juguetes y jugar con ellos, pero no es esencial. Son *extras*. Para los niños, los juguetes son una parte integral de su aprendizaje. Sin embargo, para los adultos, se define como algo divertido que cuesta dinero, algo que no es necesario, pero te hace feliz.

Debido a que son considerados como *extras*, siempre asegúrate de pagar tu hipoteca en primer lugar, después todos tus otros gastos esenciales. La mayoría de estos juguetes te dan una satisfacción similar que cuando das un paseo por el parque o haces un picnic con un buen amigo. Así que por qué no ir a dar ese paseo, conectarse con el medio ambiente y sentirse bien en lugar de comprar ese juguete. No desperdicies lo que no tienes en cosas que no son necesarias, muchas veces están tirados en tu casa, y conllevan costos adicionales como actualizaciones, baterías, juegos extra, zapatos especiales, etc. Bueno, ya tienes idea...

Con respecto a coches, sólo consigue uno si realmente lo necesitas, como cuando no hay transporte público adecuado. Es posible que no te des cuenta, pero esos enormes Volvos (autobuses) pueden llevarte a donde necesites, si vives en la ciudad o en una comunidad de un gran país. Los trenes son brillantes, si tienes suerte de tener uno cerca. Considera esto: Si te fuiste de vacaciones a otra ciudad, es probable la mejor forma de explorar la zona sea usando el transporte local, así que por qué no tener un paseo en tu propia ciudad. Toma un crucero en los ferries, visita los diferentes barrios y aprovecha la entrada libre de los diversos lugares de interés. ¿Qué tal expandir tu mente en un museo o galería de arte. La mayoría están cerca de autobuses y trenes. ¡Me atreveré a decir! Trata de caminar, de esa manera no tendrías que gastar en el gimnasio.

En lo que respecta a *cosas brillantes*, mantenlas al mínimo. Siempre paga en efectivo después de haber ahorrado comprarlo y negocia el mejor precio. La mayoría de las cosas brillantes dejan de ser actuales muy rápidamente, por lo que tendrás que comprar más para actualizarlas o reemplazarlas. Por lo que es mejor que *si no lo necesitas, no lo compres. ¡Es así de simple! Revisa el capítulo de Comprar cosas.*

Juguetes

¡Paga tu hipoteca en primer lugar, si después te queda algo deposítalo en tu hipoteca para pagarla más rápido!

¡Coches, sólo si realmente necesita uno y no hay transporte público adecuado!

¡Cosas brillantes, mantenlas al mínimo y paga en efectivo después de haber ahorrado y negocia para conseguir una mejor oferta!

¡Vuelve a leer el capítulo Comprar cosas!

CAPITULO 20

Niños

Los juguetes son una parte integral del aprendizaje de los niños. Los juguetes más populares son cajas de cartón. Son más versátiles y mantienen a tus hijos ocupados más tiempo. Por un lado están los libros y los peluches, seguidos de los bloques construcción y las bicicletas. Las cajas de cartón se pueden obtener de forma gratuita en los supermercados en varios tamaños para convertirse en casitas, trenes, cohetes... lo que sea, que cree su imaginación. Mientras que los peluches son agradables, los niños realmente sólo necesitan uno para abrazar y otro para jugar. Cuando tus amigos y familiares se enteren que tendrás un bebé es muy probable que te regalen peluchitos. Lo mismo aplica para los bloques de construcción y las bicicletas. Como padre tu trabajo es amarlos, enseñarles a diferenciar el bien del mal, educar a tus hijos, alimentarlos y vestirlos.

Los niños no necesitan tener los juguetes más modernos anunciados en la televisión o en las películas. Nunca han necesitado esos artículos y nunca los necesitarán. Tus hijos probablemente pasarán más tiempo jugando con las cajas que con esos artículos nuevos. Sin embargo, puedes encontrar juguetes increíbles en las tiendas de las instituciones de beneficencia, muchas veces son donados por personas cuyos hijos nunca jugaron con ellos, porque estaban demasiado ocupados viendo la televisión o jugando en la computadora. Es un excelente lugar para encontrar rompecabezas, pero asegúrate de que todas las piezas se encuentran todavía en la caja.

Sus zapatos necesitan quedarles bien, no tener marca de renombre. Como los hijos crecen rápidamente, y su número de calzado parece estar cambiando cada mes sólo necesitarán dos pares de zapatos. Un par para la escuela y para salir, y el otro para que jueguen y se ensucien. Una vez más, a los abuelos realmente les encanta comprar zapatos muy lindos con brillos y luces intermitentes. Déjaselo a ellos, sólo asegúrate de que saben el tamaño correcto para cuando sientan la necesidad de ir de compras.

Pasa tiempo con tus hijos. Nunca podrás regresar el tiempo una vez que han crecido y estés demasiado ocupado o demasiado estresado. Ir al parque, jugar al cricket en el patio trasero, visitar museos o reír en las galerías de arte. Todos se alegrarán de haberlo hecho. Todo eso es gratis. Si los niños ven la televisión vela con ellos y discutan lo que están viendo. Muchas veces los niños malinterpretan y se molestan por algo bastante inofensivo. Tu presencia hará que se sientan seguros y también sabrás lo que están viendo.

Léeles. Al leerles a los niños los estás ayudando a su desarrollo, lo que estimula su imaginación y les enseñas el valor de la palabra escrita. También disfrutarás de las historias tú mismo. Léeles tanto realidad como ficción. Cuando lleguen a la edad de siete años debes detenerte en las partes emocionantes y dejarlos intrigados hasta que continúes el siguiente capítulo mañana, a menos que quieran leerte ellos el capítulo para averiguar qué sucede después. Siempre disfruta el tiempo con tus hijos.

Juega con ellos. Aprendí a amar trenes jugando y ahora tengo mi propia colección de trenes de madera con la que juego con mis nietos cuando me visitan. Construimos torres increíbles, puentes de ferrocarril, algunos son incluso sobre ruedas. Incluso a sus padres les gusta que nos divirtamos mucho. ¡Ser niñera es no trabajo, *ES DIVERSIÓN!* También tenemos un papalote que volamos en un parque cercano, al que vamos caminando. *Buena vida.*

Ama a tus hijos. Enséñales a amar y respetar a los demás. Si no te respetas a ti mismo no puedes respetar a los demás. Vale la pena respetarse a si mismo. Enséñales que está bien y apropiado decir "Eso no me gusta". Ayúdales a averiguar para qué son buenos y déjalos hacerlo. Cuando intenten hacerlo y fallan, asegúrate de estar allí para apoyarlos, recuérdales que todavía los amas. La próxima vez, podrían tener éxito. Ámalos incondicionalmente.

Enséñales el valor del dinero, enséñales cómo distribuir su dinero. Idealmente deben destinar 1/3 para gastar en las cosas que quieren, 1/3 de ahorrar para cosas especiales, y 1/3 para compartir con los demás. Si están ahorrando para algo, no les des la mitad del dinero para que puedan comprárselo antes. No les des demasiado, de lo contrario no habrá incentivo para que consigan un empleo de medio tiempo cuando tus hijos sean adolescentes. Esto les enseñará responsabilidad, orgullo por su trabajo, y buena administración del dinero.

Como familia considera la posibilidad de patrocinar a un niño en el extranjero. Está atento a lo que está pasando con el niño, su educación y estilo de vida. Esto ayudará a tus hijos a entender lo mucho que ellos tienen en comparación con otros niños en el mundo. También les ayudará a aprender geografía. Es también una de las primeras etapas de la filantropía, como lo es comprar un juguete para poner debajo del árbol de Navidad de una comunidad de niños de escasos recursos. A mis hijos les encantaba escoger el juguete con cuidado, después, envolverlo hasta ponerlo debajo del árbol de navidad de la comunidad. Ahora que son adultos, lo hacen con sus propios hijos, y siguen siendo hombres cariñosos y generosos.

Consígueles una mascota para enseñarles responsabilidad y cuidado a los niños. Enséñales a cuidar y a querer a la mascota. No te preocupes, la mascota va a recordarles a tus hijos si se olvidan de darle de comer. Si escogen una mascota adecuada, esta también amará a tus hijos. Los animales agresivos, o un 'bien' un animal de raza agresiva nunca será apropiada, a menos que quieras salir en primera plana de un periódico sensacionalista cuando tu niño sea atacado y le queden cicatrices de por vida. O peor aún... ¡Muerto! Tú eres el único responsable sobre la elección de la mascota. No elijas un perro guardián grande o musculoso porque crees que te hará lucir más fuerte. No va a hacer eso, y puedes espantar emocionalmente a toda tu familia y a tus vecinos. Nunca, nunca, dejes a un niño menor de 13 años sólo con un perro por ninguna razón.

A corta edad asígnales a tus hijos tareas adecuadas para contribuir en el mantenimiento de la casa. Un niño de dos años de edad, puede estirar a colcha de una cama y recoger sus propios juguetes y colocarlos en una caja de juguetes de fácil acceso. Un niño de tres años puede poner la ropa sucia en el cesto. Un niño de cinco años puede tender su cama. Mientras, un niño de siete años de edad, puede aspirar un dormitorio, y acomodar su ropa limpia en sus cajones. Un niño de 12 años puede lavar y planchar su ropa y lavar el baño o un inodoro. Establece tareas semanales para todos en tu casa. Si ambos padres trabajan siéntense con toda la familia para seleccionar tareas. Por ejemplo, lavar el baño toma más tiempo, pero es menos asqueroso que lavar la taza del baño, por lo que esas tareas se pueden considerar equivalentes. Aspirar la sala es más rápido y menos sucio que lavar el suelo de la cocina, por lo que esas tareas también se pueden considerar equivalentes. No se le debe pagar a alguien por hacerlo. Si tú vives en la casa, comes la comida y ensucias la ropa, debes ayudar en la limpieza general. Puedes asegurarte de no darles dinero si las tareas no se realizan, y sólo se permitirán las visitas de los amigos cuando las habitaciones estén ordenadas. Esto les enseñará respeto por los amigos y las consecuencias de sus actos.

Abre una pequeña cuenta para educación y realiza pequeñas contribuciones que automáticamente serán descontadas de tu cuenta principal. Este fondo se utilizaría para pagar gastos de educación, excursiones, libros de texto, uniformes, computadoras, etc. Las cuentas para educación manejan diferentes impuestos y cargos, por lo que es importante que revises las últimas normas fiscales y averigua que cuenta es la mejor. Si decides que quieres que tus hijos asistan a una escuela privada tendrás que realizar contribuciones automáticas más grandes. Averigua las distintas colegiaturas de las escuelas privadas y pregúntales que ¿A qué cantidad asciende el gasto mensual considerando todos los gastos extras independientes de la colegiatura? Elabora un calendario de costos reales para aquellas cosas como clases de música o entrenamiento. Después haz tus cálculos. *¡Es mejor empezar a ahorrar mucho antes de que tu hijo cumpla su primer año!*

Niños

Los niños no necesitan tener los artículos más modernos anunciados en la televisión. ¡Si no los tienen, nunca lo harán!

Sus zapatos tienen que quedarles bien, no tienen que ser de marca de renombre!

¡Pasa tiempo con ellos!

¡Léeles!

¡Juega con ellos!

¡Ámalos y enseñares a amar y a respetar a los demás!

¡Enséñales el valor del dinero!

¡Como familia patrocinen a un niño en el extranjero!

¡Consigue una mascota para enseñarles responsabilidad y cuidado!

A corta edad asígnales tareas adecuadas para contribuir con el mantenimiento de la casa para ganarse su mesada. ¡No sólo les des dinero por no hacer nada!

¡Abre una pequeña cuenta para educación, con pequeñas contribuciones automáticas descontadas de tu cuenta bancaria!

Si quieres que tus hijos vayan a escuelas privadas asegúrate de que esas contribuciones automáticas sean más grandes. ¡Es mejor empezar a ahorrar mucho antes de que tu hijo cumpla su primer año!

CAPITULO 21

Presupuesto

Formas de utilizar esta plantilla de presupuesto:

- Llena el formato durante un mes o dos, anota de manera natural todos los gastos que se
- presenten.
- Con ayuda del formato apunta lo que deberías de gastar.
- Verifica que tan bien te has apegado a tu presupuesto.
- Cambia tu presupuesto y modifícalo según cambie tu ingreso.

Lo ideal sería que si tiene dos salarios debes tratar de vivir de uno sólo y destinar el 80% del salario inferior a tu préstamo hipotecario y ahorrar el otro 20% para invertirlo y para las vacaciones. Verás que la hipoteca será pagada rápidamente, ya que de esta forma pagarás menos intereses. Dependiendo del tipo de interés de tu préstamo hipotecario podrás ahorrarte más de 15 años de interés de tu préstamo hipotecario. Es simple. Si pagas la deuda principal haciendo pagos extras, entonces habrá menos intereses acumulándose. La ventaja es que si adaptas tu presupuesto a sólo un sueldo, si te quedas sin empleo o tienes incapacidad por maternidad, podrás pagar todo normalmente. Vale la pena considerarlo.

TOTAL	$	d | w | m | y	$	$
Actual money in	$	d | w | m | y	$	$
House				
Rent / mortgage repayments	$	d | w | m | y	$	$
Repairs	$	d | w | m | y	$	$
Rates	$	d | w | m | y	$	$
Water	$	d | w | m | y	$	$
Electricity	$	d | w | m | y	$	$
Pool & garden	$	d | w | m | y	$	$
Food				
Groceries	$	d | w | m | y	$	$
Fruit & Veg	$	d | w | m | y	$	$
Bread/milk/eggs	$	d | w | m | y	$	$
Communications				
Phone	$	d | w | m | y	$	$
Internet	$	d | w | m | y	$	$
Mobiles	$	d | w | m | y	$	$
Computer	$	d | w | m | y	$	$
Printer ink/ paper	$	d | w | m | y	$	$
Insurance				
House & contents	$	d | w | m | y	$	$
Car	$	d | w | m | y	$	$
Life	$	d | w | m | y	$	$
Disability	$	d | w | m | y	$	$
Health	$	d | w | m | y	$	$
Medical				
Dentist	$	d | w | m | y	$	$
Optical	$	d | w | m | y	$	$
Doctor	$	d | w | m | y	$	$
Pharmacy	$	d | w | m | y	$	$
Alternate	$	d | w | m | y	$	$
Gym	$	d | w | m | y	$	$
Transport				
Fares	$	d | w | m | y	$	$
Car payments	$	d | w | m | y	$	$

Maintenance	$	d / w / m / y	$	$
Bike	$	d / w / m / y	$	$
Petrol	$	d / w / m / y	$	$
Clothing				
Needed	$	d / w / m / y	$	$
Wanted	$	d / w / m / y	$	$
Entertainment				
Going out	$	d / w / m / y	$	$
Eating out	$	d / w / m / y	$	$
Gambling	$	d / w / m / y	$	$
Alcohol/smokes/etc.	$	d / w / m / y	$	$
Sports	$	d / w / m / y	$	$
Magazines/newspapers	$	d / w / m / y	$	$
Parties	$	d / w / m / y	$	$
New games	$	d / w / m / y	$	$
Children's toys	$	d / w / m / y	$	$
Presents	$	d / w / m / y	$	$
Holidays	$	d / w / m / y	$	$
Donations				
Sponsorships	$	d / w / m / y	$	$
Direct donation	$	d / w / m / y	$	$
Education				
Fees	$	d / w / m / y	$	$
Books etc.	$	d / w / m / y	$	$
Excursions	$	d / w / m / y	$	$
Uniforms	$	d / w / m / y	$	$
Pets				
Food	$	d / w / m / y	$	$
Fleas & worms	$	d / w / m / y	$	$
Veterinary	$	d / w / m / y	$	$
Special savings				
Home	$	d / w / m / y	$	$
Car	$	d / w / m / y	$	$
Holiday	$	d / w / m / y	$	$
TOTAL	$	d / w / m / y	$	$
Actual money in	$	d / w / m / y	$	$

CAPITULO 22

Epílogo

Guarda este libro y léelo de nuevo en seis meses para ver si ha provocado alguna diferencia en tu vida y finanzas. ¿Ya lo has puesto en práctica? Si lo hiciste y te ayudó, me alegro. Dile a tus amigos acerca de este libro y lo que aprendiste. Si este libro no te ayudó busca ayuda de un asesor financiero. Centrelink, Mission Australia, Lifeline, St. Vincent de Paul Society o Salvation Army tienen asesores financieros que te pueden ayudar. *Ellos te ayudarán.*

Creo que la siguiente cita resume de manera concisa lo que se necesita para una sociedad sana. También nos enseña sabiduría, cómo estar sano, rico y sabio.

"Efesios 4: 25 - 29, 30 – 32. Por eso, no más mentiras; que todos digan la verdad a su prójimo, ya que todos somos parte del mismo cuerpo. Enójense, pero sin pecar; que el enojo no les dure hasta la puesta del sol, pues de otra manera se daría lugar al demonio. El que robaba, ya que no robe, sino que se fatigue trabajando con sus manos en algo útil y así tendrá algo que compartir con los necesitados. No salga de sus bocas ni una palabra mala, sino la palabra que hacía falta y que deja algo a los oyentes. No entristezcan al

Espíritu Santo de Dios; éste es el sello con el que ustedes fueron marcados y por el que serán reconocidos en el día de la salvación. Arranquen de raíz de entre ustedes disgustos, arrebatos, enojos, gritos, ofensas y toda clase de maldad. Mas bien sean buenos y comprensivos unos con otros, perdonándose mutuamente como Dios los perdonó en Cristo".

Copyright © 1992 por la Sociedad Bíblica Americana

CAPITULO 23

Enlaces Útiles

ENLACES DE AUTOAYUDA

Para dejar de fumar:

Quitline 13 78 48
www.quitnow.gov.au

Consejos sobre dieta y salud:

Diabetes Australia 1300 136 588
www.diabetesaustralia.com.au

Para aquellos con problemas de alcoholismo:

Alcoholics Anonymous 1300 222 222
www.aa.org.au

Para los familiares de alcohólicos:

Al-Anon 1300 252 666
www.al-anon.org/australia

Problemas con el juego:

jugadores Anónimos (02) 9726 6625
www.gansw.org.au

Apoyo en crisis y prevención de suicidio:

Lifeline 13 11 14
www.lifeline.org.au

ENLACES FINANCIEROS

Comparativo de Cuentas bancarias en Australia:

Infochoice *www.infochoice.com.au/banking*

Comparativo de préstamos de nómina:

Finder
www.finder.com.au/payday-loans/compare

Comparativo de tarjetas de crédito:

www.creditcardfinder.com.au
www.creditcard4u.com.au
www.creditcards.com.au/compare

ENLACES SOBRE CONTROL DE LICENCIAS

Comerciantes (constructores, techadores, plomeros, electricistas, etc.):

www.licensedtrades.com.au

Contadores Certificados:

www.cpaaustralia.com.au/about-us/find-a-cpa

Contadores Públicos:

www.charteredaccountants.com.au/Chartered-Accountants/Find-a-Chartered-Accountant/Search-for-a-Chartered-Accountant

Asesores Financieros Certificados:

www.fpa.asn.au

Para buscar licencia en Queensland:

(Agentes de propiedad, subastadores, distribuidores de coches, etc.)

www.qld.gov.au/law/laws-regulated-industries-and-accountability/queensland-laws-and-regulations/check-a-licence-association-charity-or-register/check-a-licence/

Detalles de registro de empresas:

www.abr.business.gov.au

Comisión Australiana de Valores e Inversiones (Australian Securities & investments Commission, ASIC):

www.asic.gov.au

Registro de verificación vehicular (Queensland):

www.service.transport.qld.gov.au/checkrego/app lication/TermAndConditions.xhtml?windowId=9 15

ENLACES DE CONFLICTOS Y DEFENSORÍA CIUDADANA

Conflictos del consumidor Australiano:

www.consumerlaw.gov.au

Defensoría Ciudadana de la Commonwealth: 1300 362 072

www.ombudsman.gov.au/pages/making-a-complaint/complaints-the-ombudsman-can-investigate/

- *Conflictos en relación con las Agencias y el Servicio del Gobierno Australiano*
- *Conflictos en relación con la Policía Federal Australiana*
- *Conflictos en relación con la Fuerza de la Defensa Australiana*
- *Conflictos en relación con la Libertad y la Información*
- *Conflictos en relación con Inmigración*
- *Conflictos en relación con el Sector Postal*
- *Conflictos en relación con los Estudiantes de Intercambio*

Defensoría Ciudadana de la Industria de Telecomunicaciones:

1800 062 058
www.tio.com.au/about-us

- *Conflictos en relación con el Proveedor del servicio de Teléfono fijo o celular*
- *Conflictos en relación con el Proveedor del servicio de Internet*

***Defensoría Ciudadana de Crédito e Inversiones:
1800 138 422***

www.cio.org.au

- *Conflictos financieros en relación a los prestadores de servicios que incluyen:*
- *Prestamistas*
- *Servicios de asesoramiento de inversiones y finanzas en general*
- *Seguros*
- *Prestamistas no bancarios*
- *Micro prestamistas*
- *Intermediarios financieros*
- *Agentes hipotecarios*
- *Prestamistas de seguros hipotecarios*
- *Contadores*
- *Agentes de impuestos*
- *Proveedores de fondos de ahorro para el retiro*
- *Proveedores de créditos*
- *Cooperativas de créditos y Sociedades de préstamos inmobiliarios*

Servicio de Defensoría Ciudadana de Finanzas:
1800 367 287

www.fos.org.au

- *Conflictos financieros en relación a los prestadores de servicios que incluyen:*
- *Bancos*
- *Cooperativas de créditos y Sociedades de préstamos inmobiliarios*
- *Proveedores de créditos*
- *Prestamistas no bancarios*

- *Intermediarios financieros*
- *Micro prestamistas*
- *Servicios de asesoramiento de inversiones y finanzas en general*
- *Seguros*
- *Algunos proveedores de fondos de ahorro para el retiro*

Tribunal de quejas sobre fondos de ahorro para el retiro: 1300 884 114

www.sct.gov.au

- *Conflictos en relación a fondos de ahorro para el retiro*
- *Conflictos en relación a rentas vitalicias y retraso en pago de rentas vitalicias*
- *Conflictos en relación a cuentas de ahorro de retiro*

Defensoría Ciudadana de Seguro Médico Privado: 1800 640 695

www.phio.org.au

Conflictos en relación con el seguro médico privado

Defensoría Ciudadana de la Industria de productos y alimentos:

1800 206 385
www.produceandgroceryombudsman.com.au

Disputas por suministro de productos y alimentos a mercados y minoristas

Defensoría Ciudadana del Transporte Público (Victoria): *1800 466 865*

www.ptovic.com.au

Conflictos en relación al transporte público en Victoria

Defensoría Ciudadana de Personas que pagan Peaje: *1800 145 000*

www.tollingombudsman.com.au

Incluyen conflictos en relación al operador que cobra los peajes:

- *Airportlink M7*
- *CityLink*
- *EastLink*
- *Go Via*
- *Hills M2*
- *Roam y Roam Express*

Oficina de la Comisión de Información Australiana: 1300 363 992

www.oaic.gov.au

Conflictos por incumplimiento de privacidad

Comisión Australiana de Derechos Humanos: *1300 656 419*

www.humanrights.gov.au

Quejas sobre discriminación por raza, sexo o discapacidad.

Defensoría ciudadana del Trabajo Justo: *13 13 94*

www.fairwork.gov.au

Información y asesoramiento sobre tus derechos y obligaciones laborales

ENLACES EN RELACIÓN CON LA ADMINISTRACIÓN PÚBLICA

www.publictrusteesaustralia.com/links

(NSW) Trustee & Guardian: 1300 364 103

www.tag.nsw.gov.au/enquiries-virtual.html

(VIC) Administradores estatales: 1300 138 672

www.statetrustees.com.au/contact-us/

(QLD) Administrador Público de Queensland: 1300 360 044

www.pt.qld.gov.au/contact/index.html

(WA) Administrador Público de Western Australia: 1300 746 116

www.publictrustee.wa.gov.au/_apps/contacts/default.aspx

(SA) Administrador Público de South Australia: 1800 673 119

www.publictrustee.sa.gov.au/contact-us/

(TAS) Administrador Público de Tasmania:

- *Hobart (03) 6235 5200*
- *Launceston (03) 6335 3400*
- *Burnie (03) 6430 3600*
- *Devonport (03) 6430 3690*

www.publictrustee.tas.gov.au/contact/

(ACT) Administrador Público de the ACT: (02) 6207 9800

www.publictrustee.act.gov.au/contact

(NT) Administrador Público del Northern Territory:

- *Darwin (08) 8999 7271*
- *Alice Springs (08) 8952 5493*

www.nt.gov.au/justice/pubtrust/index.shtml

ENLACES EN RELACIÓN CON PROPIEDADES EN RENTA

(QLD) Derechos y obligaciones de los propietarios:

www.rta.qld.gov.au/~/media/Publications/Publications%20for%20managers/RTA_Managing%20general%20tenancies%20in%20Queensland.ashx

(QLD) Derechos y obligaciones de los inquilinos:

www.rta.qld.gov.au/~/media/Forms/Forms%20for%20general%20tenancies/RTA-pocket-guide-for-tenants-house-and-units-form-17a.ashx

(NSW) Derechos y obligaciones de los propietarios:

www.fairtrading.nsw.gov.au/ftw/Tenants_and_home_owners/Being_a_landlord.page

(NSW) Derechos y obligaciones de los inquilinos:

http://tenants.org.au/tenants-rights-factsheets

(VIC) Derechos y obligaciones de los propietarios:

www.consumer.vic.gov.au/housing-and-accommodation/renting

(VIC) Derechos y obligaciones de los inquilinos:

www.consumer.vic.gov.au/library/Publications/Housing-and-accommodation/Renting/Renting-a-home-a-guide-for-tenants.pdf

(TAS) Derechos y obligaciones de los propietarios e inquilinos:

www.consumer.tas.gov.au/renting

(SA) Derechos y obligaciones de los propietarios e inquilinos:

www.sa.gov.au/__data/assets/pdf_file/0012/12072/Information_brochure.pdf

(WA) Derechos y obligaciones de los propietarios e inquilinos:

www.commerce.wa.gov.au/consumer-protection/renting-home

ENLACES SOBRE RESOLUCIÓN DE CONFLICTOS VECINALES

Conflictos causados por cercas, árboles y construcciones:

www.qld.gov.au/law/housing-and-neighbours/disputes-about-fences-trees-and-buildings

Kit de Mediación Vecinal:

https://publications.qld.gov.au/dataset/17cb1543-c4af-495d-9412-f43f673dc79e/resource/050c6991-1e22-4933-b185-c92f770eb78a/download/neighbourhoodmediationkit.pdf

ENLACES SOBRE BODAS Y MATRIMONIOS

Información para contraer nupcias:

www.qld.gov.au/law/births-deaths-marriages-and-divorces/marriage-weddings-and-registered-relationships/getting-married/

Para encontrar un ministro matrimonial:

www.celebrations.org.au/ceremonies/134-fast-find-a-celebrant/1652-regions

(QLD) Formato para registrar una relación – ambas personas:

https://publications.qld.gov.au/dataset/8f1d4035-229e-4870-822e-baa63a59eb8b/resource/c6947b49-3c4d-4698-80cb-f6dda18abaf6/download/registeracivilpartnershipsubmission.pdf

(QLD) Formato para terminar una relación – ambas personas:

https://publications.qld.gov.au/storage/f/2014-04-17T00%3A55%3A49.736Z/application-to-terminate-a-registered-relationship-form-18.pdf

(QLD) Declaración jurada para terminar una relación - cualquiera de las partes puede solicitarla sin la presencia de la pareja.

https://publications.qld.gov.au/storage/f/2014-04-17T00%3A58%3A24.768Z/registered-relationship-termination-statutory-declaration.pdf

ENLACES SOBRE DIVORCIO

Hoja Informativa de Divorcio:

http://www.familycourt.gov.au/wps/wcm/connect/
36763cca-8b01-4f40-9e7e-
f8e2e590189f/Preparing_affidavit0313V2.pdf?M
OD=AJPERES&CONVERT_TO=url&CACHEI
D=36763cca-8b01-4f40-9e7e-f8e2e590189f

Kit de solicitud de Divorcio:

http://www.familycourt.gov.au/wps/wcm/connect/
d9c6e4be-3288-4fc5-9080-
e0ffb759beee/Divorce_Kit_0313_V3a.pdf?MOD
=AJPERES&CONVERT_TO=url&CACHEID=d
9c6e4be-3288-4fc5-9080-e0ffb759beee

Kit de servicio de Divorcio:

http://www.familycourt.gov.au/wps/wcm/connect/
6bca8754-d4e7-4147-8929-
7432f59e3d75/Divorce_ServiceKit_0313_V2b.pd
f?MOD=AJPERES&CONVERT_TO=url&CAC
HEID=6bca8754-d4e7-4147-8929-
7432f59e3d75

ENLACES SOBRE PODERES NOTARIALES

E.P.A versión corta (mismo abogado para cuestiones médicas y financieras):

https://publications.qld.gov.au/dataset/0e798d96-9ba6-4aa0-95cd-5a017a0589a9/resource/94c27605-28ad-4e71-846b-04b0d66ef3b8/download/enduringpowerofattorneyshortformform2.pdf

E.P.A versión larga (diferente abogado para cuestiones médicas y financieras):

https://publications.qld.gov.au/dataset/0e798d96-9ba6-4aa0-95cd-5a017a0589a9/resource/d33b1e89-0b07-4a14-a4d8-05ff4f610b25/download/enduringpowerofattorneylongformform3.pdf

Formato para revocar un E.P.A.:

https://publications.qld.gov.au/dataset/0e798d96-9ba6-4aa0-95cd-5a017a0589a9/resource/f94f016c-5fff-4b27-9f77-a957bd120865/download/revocationofenduringpowerofattorneyform6.pdf

Formato para tramitar un G.P.A.:

https://publications.qld.gov.au/dataset/0e798d96-9ba6-4aa0-95cd-5a017a0589a9/resource/efdfcdd4-2cf2-4002-992b-ec3e2b24d4a7/download/generalpowerofattorneyform1.pdf

ENLACES SOBRE DIRECTIVA ANTICIPADA DE SALUD (A.H.D.)

(QLD) Formato para tramitar una A.H.D.:

https://publications.qld.gov.au/dataset/0e798d96-9ba6-4aa0-95cd-5a017a0589a9/resource/6a3af073-cdba-4b82-8de7-eabe65950c24/download/advancehealthdirectiveformform4.pdf

ENLACES SOBRE COBRADORES E INSOVENCIA

Autoridad Australiana de Seguridad Financiera (Australian Financial Security Authority): 1300 364 785

www.afsa.gov.au

Tus derechos cuando seas abordado por cobradores:

www.accc.gov.au/consumers/debt-debt-collection/dealing-with-debt-collectors

Folleto de información sobre insolvencia Personal:

www.afsa.gov.au/debtors/in-financial-trouble

Formato para declarar una intención de presentar una petición de deudor:

www.afsa.gov.au/debtors/personal-insolvency-information-booklet/personal-insolvency-information-for-debtors

Formato para declararse en quiebra:

www.afsa.gov.au/resources/forms/forms-for-declaring-an-intention-to-present-a-debtors-petition

Formato de quiebra por orden de embargo:

www.afsa.gov.au/resources/forms/forms-for-declaring-bankruptcy

Forms for bankruptcy by sequestration order:

www.afsa.gov.au/resources/forms/forms-for-bankruptcy-by-sequestration-order

Propuesta de acuerdo de deuda:

www.afsa.gov.au/resources/forms/prescribed-information-1

Formato para proponer un acuerdo de insolvencia personal:

www.afsa.gov.au/resources/forms/forms-for-proposing-a-personal-insolvency-agreement

Formato de insolvencia de una persona fallecida:

www.afsa.gov.au/resources/forms/form-4-statement-of-affairs-under-part-xi-1

ENLACES EN RELACIÓN A TÉLEFONO E INTERNET

Lista de Proveedores de Voz de protocolo de Internet (Voice over Internet Protocol, VoIP):

www.voipchoice.com.au

Lista de Proveedores de servicio de Internet (Internet service provides, ISP):

www.idd.com.au/internet-service-providers.php

Lista de compañías de telefonía móvil:

www.idd.com.au/mobile-providers.php

Lista de compañías de telefonía residencial:

www.idd.com.au/telephone-companies.php

Red Privada Virtual (Virtual Private Network, VPN):

Apple iPhones:

http://itunes.apple.com/us/app/openvpn-connect/id590379981?mt=8

Android Mobiles:

http://play.google.com/store/apps/details?id=de.b linkt.openvpn

ENLACES SOBRE SEGUROS MÉDICOS PRIVADOS

Lista de fondos médicos privados:

www.privatehealth.gov.au/dynamic/healthfundlist.aspx

Comparativo de fondos médicos privados:

www.compareinsurance.com.au/health-insurance/insurers

Listas de cobertura sin límites:

www.privatehealth.gov.au/dynamic/gapdoctors.aspx

ENLACES SOBRE SEGUROS

Comparativo de seguros de casas y de contenidos:

www.compareinsurance.com.au/home-insurance/insurers

Comparativo de seguros de autos:

www.compareinsurance.com.au/car-insurance/insurers

Comparativo de seguros de viajero:

www.compareinsurance.com.au/travel-insurance/insurers

Comparativo de seguros de protección de ingresos:

www.compareinsurance.com.au/income-protection/insurers

Comparativos de seguros de motocicletas:

www.compareinsurance.com.au/motorbike-insurance/insurers

Comparativos de seguros de bicicletas:

www.compareinsurance.com.au/bike-insurance/insurers

Comparativos de seguros de mascotas:

www.compareinsurance.com.au/pet-insurance/insurers

Comparativos de seguros de Caravan y Casas rodantes:

www.compareinsurance.com.au/caravan-insurance/insurers

Hoja informativa sobre seguro de viajero:

http://smartraveller.gov.au/guide/all-travellers/insurance/

Acerca de la Autora

W. J. Scott

(Dip T QUT, BEd UNE, Dip FS, FP Deakin, ADip FS, FP Deakin. MTEFL Teflink)

Comencé a trabajar a la edad de 16. Más tarde completé un Diplomado de Enseñanza (DIP T) en ciencia para convertirme en maestra de preparatoria. Después de pocos años en la enseñanza adquirí una Licenciatura en Educación (BEd) con especialidad en Asesoramiento y Educación Religiosa. Durante mis 20 años o más como maestra, mis estudiantes frecuentemente me pedían consejos financieros. Después de pasar la mayor parte de mi carrera como maestra decidí estudiar un Diploma y un Diploma avanzado en planificación financiera. Trabajé como asesora financiera para tres diferentes compañías, pero en cada caso decidí renunciar porque consideré que su ética y procedimientos eran contenciosos. Eso hizo que decidiera retirarme pronto, porque podía costearlo. Ahora hago sólo lo que disfruto, lo que muchas veces involucra a mis nietos y pasar el tiempo con la familia. ¡La vida es fabulosa!

www.ingramcontent.com/pod-product-compliance
Lightning Source LLC
Chambersburg PA
CBHW070605300426
44113CB00010B/1412